헨리 나우웬 Henri J. M. Nouwen, 1932-1996

자신의 아픔과 상처, 불안과 염려, 기쁨과 우정을 여과 없이 보여줌으로써 많은 이들에게 영적인 위로와 감동을 준 상처 입은 치유자(Wounded Healer). 누구보다 하나님과의 친밀한 관계를 원했던 그는 하나님을 사랑하는 법과 인간의 마음에 임재하시는 하나님을 발견하고자 애썼다. 매년 책을 펴내면서도 국제적인 강사, 교수, 성직자로서 정신없이 바쁜 행보를 이어갔고, 이러한 그의 삶은 1996년 9월 심장마비로 이 세상을 떠날 때까지 계속되었다.

수많은 강연과 40여 권이 넘는 저서를 통해, 그리고 무엇보다 자신의 삶을 통해 하나님과 직접 교제하는 모범을 보여주었다. 자신의 내면을 들여다보기 위해, 하나님을 사랑하고 그분의 사랑을 받는 법을 배우기 위해, 그래서 그 사랑으로 다른 사람들을 부르기 위해 종종 일터 현장에서 물러났으며, 마침내 안착한 곳은 지체장애인들의 공동체인 라르쉬 데이브레이크였다.

신앙은 그의 생명줄이자 요동하는 세상의 유일한 부동점(不動點)이었으며, 교회는 아무리 결점이 많아도 여전히 소망과 위로를 주는 피난처였다. 데이브레이크 공동체에서 함께 생활했던 수 모스텔러 수녀는 "당신의 고통을 두려워하지 말라, 관계가 힘들 때는 사랑을 선택하라, 서로 하나 되기 위해 상처 입고 쓰라린 감정 사이를 거닐라, 마음으로부터 서로 용서하라"는 것이 헨리 나우웬의 유산이라고 요약했다. 그의 유산은 지금도 살아 있다.

1932년 네덜란드 네이께르끄에서 태어나 1957년에 사제 서품을 받았다. 1966년부터 노트르담 대학교와 예일 대학교, 하버드 대학교의 강단에 섰으며, 1986년부터 데이브레이크 공동체를 섬겼다. 《집으로 돌아가는 길》《데이브레이크로 가는 길》《나이 든다는 것》《분별력》등 그의 책 대부분이 국내에 번역, 소개되었다.

최종훈

대학을 졸업하고 지금까지 줄곧 잡지사와 출판사에서 취재, 기획, 번역 등 글 짓는 일을 했다. 여행하고 사진 찍는 일을 일상의 즐겨찾기에 넣어두고 있다. 번역한 책으로는 《천로역정》《예수와 함께한 저녁식사 2》《집으로 돌아가는 길》 등이 있다.

• 표지 그림_ 렘브란트의 〈탕자의 귀향〉. 상트페테르부르크 에르미타주 미술관 소장

탕자의 귀향

The Return of the Prodigal Son
By Henri J. M. Nouwen

Copyright © 1992 by Henri J. M. Nouwen
All rights reserved.
Korean translation copyright © 2009 by Poiema,
an imprint of Gimm-Young Publishers, Inc.

This translation published by arrangement with Doubleday Religion, an imprint of The Crown Publishing Group, a division of Random House, Inc. through Eric Yang Agency, Seoul.

집으로 돌아가는 멀고도 가까운 길

탕자의 귀향

헨리 나우웬
HENRI J.M. NOUWEN | 최종훈 옮김

The Return of the Prodigal Son

포이에마

탕자의 귀향

저자 헨리 나우웬 | 역자 최종훈

1판 1쇄 발행 2009. 12. 29. | **1판 23쇄 발행** 2024. 12. 26. | **발행처** 포이에마 | **발행인** 박강휘 | **등록번호** 제300-2006-190호 | **등록일자** 2006. 10. 16. | 서울특별시 종로구 북촌로 63-3 우편번호 03052 | 마케팅부 02)3668-3260, 편집부 02)730-8648, 팩스 02)745-4827

이 책의 한국어판 저작권은 에릭양 에이전시를 통해 The Crown Publishing Group의 임프린트인 Doubleday Religion과 독점 계약한 포이에마가 소유합니다. 저작권법에 의하여 한국 내에서 보호를 받는 저작물이므로 무단 전재와 복제를 금합니다.

값은 뒤표지에 있습니다. ISBN 978-89-93474-22-0 03230 | **이메일** masterpiece@poiema.co.kr
| 좋은 독자가 좋은 책을 만듭니다. | 포이에마는 독자 여러분의 의견에 항상 귀를 기울이고 있습니다.

아버지 로랑 장 마리 나우웬 앞에
이 책을 드립니다.

차례

두 아들, 그리고 그 아버지 이야기 · 8
프롤로그/ 첫 만남에서 마음을 빼앗기다 · 12
여는 글/ 작은아들, 큰아들, 그리고 아버지 · 42

1
THE YOUNGER SON
작은아들

렘브란트, 그리고 작은아들 · 54
작은아들, 집을 나서다 · 64
작은아들, 다시 집으로 · 84

2
THE ELDER SON
큰아들

렘브란트, 그리고 큰아들 · 114
큰아들, 집을 나가다 · 122
큰아들, 집으로 돌아오다 · 141

3
THE FATHER
아버지

렘브란트, 그리고 아버지 · 164
반가이 맞아주시는 아버지 · 176
아버지, 잔치를 열다 · 198

맺는 글 / 아버지가 된다는 것 · 219
에필로그 / 몸으로 그림을 살다 · 247
감사의 글 / 우정과 사랑의 산물 · 258
주(註) / · 260
역자 후기 / 자식과 자신의 행간에서 서성이다 · 262

HE STORY OF TWO SONS AND THEIR FATHER

두 아들, 그리고
그 아버지 이야기

_ 〈세 그루의 나무〉, 1643, 동판화

　어떤 사람에게 아들이 둘 있는데 작은아들이 아버지에게 말하기를 '아버지, 재산 가운데서 내게 돌아올 몫을 내게 주십시오.' 하였다. 그래서 아버지는 살림을 두 아들에게 나누어주었다. 며칠 뒤에 작은아들은 제 것을 다 챙겨서 먼 지방으로 가서, 거기서 방탕하게 살면서, 그 재산을 낭비하였다. 그가 모든 것을 탕진했을 때에, 그 지방에 크게 흉년이 들어서, 그는 아주 궁핍하게 되었다. 그래서 그는 그 지방의 주민 가운데 한 사람을 찾아가서, 몸을 의탁하였다. 그 사람은 그를 들로 보내서 돼지를 치게 하였다. 그는 돼지가 먹는 쥐엄 열매라도 좀 먹고 배를 채우고 싶은 심정이었으나, 그에게 먹을 것을 주는 사람이 없었다. 그제서야 그는 제정신이 들어서, 이렇게 말하였다. '내 아버지의 그 많은 품꾼들에게는 먹을 것이 남아도는데, 나는 여기서 굶어 죽는구나. 내가 일어나 아버지에게 돌아가서, 이렇게 말씀드려야 하겠다. 아버지, 내가 하늘과 아버지 앞에 죄를 지었습니다. 나는 더 이상 아버지의 아들이라고 불릴 자격이 없으니, 나를 품꾼의 하나로 삼아주십시오.'

　그는 일어나서, 아버지에게로 갔다. 그가 아직도 먼 거리에 있는데, 그의 아버지가 그를 보고 측은히 여겨서, 달려가 그의 목을 껴안고, 입을 맞추었다. 아들이 아버지에게 말하였다. '아버지, 내가 하늘과 아버지 앞에 죄를 지었습니다. 이제부터 나는 아버지의 아들이라고 불릴 자격이 없습니다.' 그러나 아버지는 종들에게 말하였다. '어서, 가장 좋은 옷을 꺼내서, 그에게 입히고, 손에 반지를 끼우고, 발에 신을 신겨라. 그리고 살진 송아지를 끌어내다가 잡아라. 우리가 먹고 즐기자. 나의 이 아들은 죽었다가 살아났고, 내가 잃었다가 되찾았다.' 그래서 그들은 잔치를 벌였다.

그런데 큰아들이 밭에 있다가 돌아오는데, 집에 가까이 이르렀을 때에, 음악 소리와 춤추면서 노는 소리를 듣고, 종 하나를 불러서, 무슨 일인지를 물어보았다. 종이 그에게 말하였다. '아우님이 집에 돌아왔습니다. 건강한 몸으로 돌아온 것을 반겨서, 주인어른께서 살진 송아지를 잡으셨습니다.'

큰아들은 화가 나서, 집으로 들어가려고 하지 않았다. 아버지가 나와서 그를 달랬다. 그러나 그는 아버지에게 대답하였다. '나는 이렇게 여러 해를 두고 아버지를 섬기고 있고, 아버지의 명령을 한 번도 어긴 일이 없는데, 나에게는 친구들과 함께 즐기라고, 염소 새끼 한 마리도 주신 일이 없습니다. 그런데 창녀들과 어울려서 아버지의 재산을 다 삼켜버린 이 아들이 오니까, 그를 위해서는 살진 송아지를 잡으셨습니다.'

아버지가 그에게 말하였다. '얘야, 너는 늘 나와 함께 있으니 내가 가진 모든 것은 다 네 것이다. 그런데 너의 이 아우는 죽었다가 살아났고, 내가 잃었다가 되찾았으니, 즐기며 기뻐하는 것이 마땅하다.' _누가복음 15장 11-32절, 새번역

첫 만남에서 마음을 빼앗기다

프롤로그

 렘브란트의 작품 〈탕자의 귀향〉을 정밀하게 모사한 포스터 한 장. 그냥 스쳐 지나갈 수도 있었던 그림과의 만남이 길고 긴 영혼의 순례를 떠나는 출발점이 되었습니다. 그리고 그 모험을 통해 소명을 새롭게 깨달았고 부르심에 합당한 삶을 살 새 힘을 얻었습니다.

여정의 중심에는 17세기에 완성된 그림 한 폭과 그 화가, 1세기에 나온 우화 한 편과 그 지은이, 삶의 의미를 찾아 헤매는 20세기의 한 인간이 있습니다.

이야기는 1983년, 프랑스 트로즐리라는 마을에서 시작됩니다. 지적 장애를 가진 이들에게 따뜻한 보금자리를 제공하는 공동체, 라르쉬 L'Arche에서 몇 달 머물고 있던 중이었습니다. 캐나다 사람 장 바니에 Jean Vanier가 1964년 시작한 라르쉬는 세계 곳곳에 아흔 개가 넘는 공동체를 꾸리고 있는데, 그 가운데서도 트로즐리는 가장 먼저 세워진 그룹입니다.

하루는 친구 시몬 랑드리앵을 만나러 공동체 안에 있는 작은 문서 센터에 갔습니다. 둘이서 이런저런 얘기를 나누다가 문득 문에 붙여놓은 커다란 포스터에 눈길이 닿았습니다. 자주색 망토를 넉넉하게 걸친 남자가 남루한 차림으로 무릎을 꿇은 소년의 어깨를 부드럽게 어루만지는 그림이었습니다. 눈을 뗄 수가 없었습니다. 두 사람 사이에 흐르는 뜨거운 친밀감, 붉은 망토의 온화한 톤, 소년의 겉옷에서 반사되는 황금빛, 그리고 양쪽을 한꺼번에 휘감고 있는 신비로운 광채에 빨려들어 가는 느낌이었습니다. 하지만 일찍이 느낀 적이 없는 감동을 주었던 건 무엇보다도 소년의 어깨를 감싸쥔 노인의 두 손이었습니다.

어느새 친구의 말을 귓등으로 흘려듣고 있었지만 한동안은 그런 줄도 몰랐습니다. 시몬에게 말했습니다. "저 그림은 뭐죠?" 싹싹한 대답이 돌아왔습니다. "오, 저거요? 렘브란트가 그린 〈탕자의 귀향〉을 복제한 거예요. 마음에 드세요?" 포스터를 뚫어져라 바라보며 띄엄띄엄 중얼거렸습니다. "멋져요. 아름답다는 말로는 부족할 만큼

프롤로그

〈탕자의 귀향〉, 1668, 유화

"눈을 뗄 수가 없었습니다. 두 사람 사이에 흐르는 뜨거운 친밀감, 붉은 망토의 온화한 톤, 소년의 겉옷에서 반사되는 황금빛, 그리고 양쪽을 한꺼번에 휘감고 있는 신비로운 광채에 빨려들어 가는 느낌이었습니다."

… 울면서 웃고, 웃으면서 울고 … 그러고 싶게 만들어요. … 내 마음 깊은 곳을 건드린다고 해야 할까, 아무튼 저걸 볼 때 드는 느낌은 말로 다할 수가 없네요." 시몬이 불쑥 말했습니다. "한 장 갖고 싶으시겠군요? 파리에 가면 살 수 있대요." 고개를 끄덕이며 대꾸했습니다. "그렇군요. 꼭 구해야겠어요."

〈탕자의 귀향〉을 처음 봤을 때, 저는 미국 전역을 누비는 고단한 순회강연을 마치고 막 돌아왔을 즈음이었습니다. 중앙아메리카에서 자행되고 있는 폭력과 전쟁을 종식시키기 위해 크리스천 공동체들이 무엇이든 힘닿는 대로 행동해야 한다는 이야기를 하러 다녔습니다. 죽을 만큼 피곤했습니다. 얼마나 힘들었던지 걷는 것조차 버거울 정도였습니다. 불안하고, 외롭고, 초조하고, 말할 수 없을 만큼 갈급했습니다. 강연을 하러 돌아다니는 동안은 정의와 평화를 위해 두려움 없이 세상의 악과 맞서 싸우는 강한 전사가 된 듯했습니다.

그러나 일정이 다 끝나자 엄마 치마폭에 매달려 엉엉 울고 싶어 하는 어린아이처럼 한없이 나약해졌습니다. 환호하거나 악담을 퍼붓는 청중들이 사라지기가 무섭게 엄청난 외로움이 밀려들었습니다. 정서적이고 신체적인 안식을 약속하는 유혹의 목소리가 들릴 때마다 여지없이 무너지곤 했습니다.

우연히 시몬의 사무실에 들렀다가 렘브란트의 '탕자'와 처음 맞닥뜨렸을 무렵, 내 형편이 그랬습니다. 심장이 쿵쾅거렸습니다. 아버지가 아들을 부드럽게 끌어안고 토닥여주는 그 그림은 당시 고된 행군을 마치고 돌아온 내가 바라는 모든 걸 함축해서 보여주고 있었습니다.

사실 나야말로 기나긴 떠돌이생활에 완전히 탈진한 아들이었습니다. 아버지의 포근한 품에 안기고 싶었습니다. 무엇에도 신경쓰지 않고 쉴 집을 애타게 찾고 있었습니다. '집으로 돌아온 아들'은 지난날의 내 모습인 동시에 장래의 소망이기도 했습니다. 누군가와 맞서거나, 간청하거나, 훈계하거나, 위로하면서 여기저기 떠다닌 세월이 너무 길었습니다. 이제 바라는 건 딱 하나, 소속감을 느낄 수 있는 곳, 집처럼 편안한 곳에서 깊이 쉬고 싶을 뿐이었습니다.

그 뒤로 달이 가고 해가 가도 일은 끊이지 않고 도리어 늘기만 했습니다. 극도의 피로가 사그라지기가 무섭게 강의와 여행이 반복되는 일상으로 되돌아갔습니다. 그래도 렘브란트가 그린 포옹은 일시적으로 감정을 다독여주는 그 어떤 말보다도 깊숙이 내 영혼에 각인되었습니다. 오르락내리락 분주한 일상 너머에 존재하는 무언가에, 다시 말해서 최종적으로 돌아갈 곳, 한 점 두려움 없는 완벽한 안전감, 영원토록 변함없는 집 등을 끊임없이 갈구하는 마음에 다가서는 통로가 열린 겁니다. 수많은 이들을 만나고, 무수한 일에 참여하고,

허다한 자리에 얼굴을 내미는 동안 〈탕자의 귀향〉은 늘 함께했으며 날이 갈수록 영적인 삶에서 더 큰 의미를 갖게 되었습니다. 렘브란트의 그림 덕분에 눈뜨게 된 영원한 집에 대한 갈망은 점점 더 깊고 강해져서 나중에는 아예 화가를 신실한 동무요 안내자로 여기기에 이르렀습니다.

렘브란트의 그림 포스터를 만난 지 2년 만에 하버드 대학 교수 자리를 내놓고 트로즐리 라르쉬로 돌아갔습니다. 꼬박 한 해를 거기서 보낼 작정이었습니다. 그렇게 둥지를 옮긴 데는 과연 하나님이 라르쉬 공동체 가운데 한 곳에 들어가서 지적 장애인들과 더불어 평생을 보내도록 부르셨는지 확인하고 싶은 의도가 있었습니다. 과도기로 잡은 그 한 해 동안 렘브란트와 '탕자'에게 특별한 친밀감을 갖게 됐습니다. 하나님이 그 네덜란드 친구를 평생 같이 갈 길벗으로 주신 게 아닌가 싶을 정도였습니다. 연말이 다 돼갈 즈음, 마침내 라르쉬를 새로운 집으로 삼아야겠다고 결정했습니다. 토론토에 있는 라르쉬 공동체 '데이브레이크 Daybreak'의 식구가 되기로 한 겁니다.

바로 그 그림, 〈탕자의 귀향〉

트로즐리를 떠나기 직전에 친구로 지내는 바비 매시와 다나 로버트 내외의 초대를 받았습니다. 러시아(구 소련)로 여행을 가려고 하는 데 동행하자는 겁니다. 퍼뜩 '이제 원작을 볼 수 있겠구나!' 하는 생각부터 떠올랐습니다. 〈탕자의 귀향〉에 관심을 갖게 되면서, 예카테리나 대제가 1766년, 그 그림을 사들여서 상트페테르부르크(러시아 혁명 이후에 레닌그라드로 바뀌었다가 최근에 다시 본래 이름을 되찾았습니다) 에르미타주Hermitage 미술관에 둔 이래 줄곧 거기에 전시 중이라는 걸 알게 되었습니다.

그토록 빨리 원작을 보게 될 줄은 꿈에도 몰랐습니다. 물론 평생 내 생각과 정서와 느낌에 강력한 영향을 미친 나라에 직접 가고 싶은 욕심도 간절했지만, 가장 내밀한 마음의 갈망을 드러내준 바로 그 그림 앞에 앉을 기회를 얻는다는 사실에 견주면 그건 아무것도 아니었습니다.

출발하는 순간부터, 죽는 날까지 라르쉬에 들어가 살겠다는 결정과 러시아 여행 사이에 밀접한 관계가 있다는 걸 직감했습니다. 연결고리는 렘브란트의 '탕자'였습니다. 적어도 나는 그렇게 믿어 의심치 않습니다. 왠지 모르지만, 그림을 직접 대하면 '집으로 돌아가는 일'에 담긴 수수께끼를 예전과는 전혀 다른 방식으로 풀어낼 수 있을 것만 같았습니다.

진을 빼는 순회강연을 마치고 안전한 곳으로 돌아오는 것도 귀향이라면 귀향이었습니다. 지적 장애인들의 공동체에 들어가 살기 위해 교수와 학생들의 세계를 떠나는 경험 역시 집으로 돌아가는 느낌을 주었습니다. 장벽과 철통 같은 국경선으로 외부 세계와 철저히 격리된 나라 사람들을 만나는 경험 또한 나름대로는 일종의 귀향이라고 할 수 있습니다. 하지만 진짜 '귀향'은 팔을 활짝 벌리고 기다리며 영원토록 그 품에 안아주길 원하시는 그분께 한 걸음 한 걸음 나가는 게 아닐까 싶습니다.

렘브란트는 그런 영혼의 귀향을 속속들이 알고 있었던 것 같습니다. '탕자'를 그릴 즈음, 화가는 마지막으로 깃들일 참다운 집을 한 점 의심 없이 바라보는 삶을 살고 있었음에 틀림없습니다. 아버지와 아들, 하나님과 인간, 연민과 고통을 그림 한 장에 아우르는 현장에서 렘브란트를 만난다면 삶과 죽음에 대해 여태 공부한 것보다 훨씬 많은 지식을 얻을 수 있을 거란 생각이 들었습니다. 그리고 언젠가는 꼭 세상에 들려주고 싶었던 사랑 이야기를 렘브란트의 걸작을 통해 풀어낼 수 있으리라는 소망이 생겼습니다.

상트페테르부르크에 가는 것도 신나는 일이었지만 에르미타주 미술관에 가서 〈탕자의 귀향〉을 조용히 감상할 기회를 잡은 건 정말 대단한 경험이었습니다. 미술관에 들어가려는 인파가 2킬로미터 가까이 늘어선 게 보였습니다. 애타게 그리던 작품을 과연 어떻게, 얼마나 오랫동안 감상할 수 있을지 걱정이 앞섰습니다.

하지만 불안한 마음은 곧 누그러졌습니다. 상트페테르부르크 단체관광 일정이 마무리되자 그룹 멤버들은 대부분 집으로 돌아갔습니다. 하지만 우리 일행은 며칠 더 있기로 했습니다. 때마침 러시아에 머물고 있던 바비의 어머니 수전 매시가 자기 집에서 함께 지내자고 초대한 겁니다.

수전은 러시아 문화와 예술에 조예가 깊은 전문가였습니다. 여행 준비를 하는 데 큰 도움이 되었던 책《불새의 나라 *The Land of the Firebird*》의 저자이기도 했습니다. 수전에게 물었습니다. "어떻게 하면 〈탕자의 귀향〉을 가까이서 볼 수 있을까요?" 수전이 대답했습니다. "그런 일이라면 걱정할 것 없어요. 그렇게 좋아하는 그림을 원하는 대로, 필요한 만큼 실컷 볼 수 있게 해줄게요."

이튿날, 수전은 쪽지 한 장을 주며 말했습니다. "알렉세이 브리안체프 씨의 사무실 전화번호예요. 좋은 친구죠. 전화하면 〈탕자의 귀향〉을 볼 수 있게 안내해줄 거예요." 지체없이 다이얼을 돌려 관광객 출입구와 멀리 떨어진 측문에서 만나기로 약속을 잡았습니다. 알렉세이의 목소리가 수화기에서 흘러나왔습니다. 어쩌면 그렇게 부드러운 억양으로 영어를 구사할 수 있는지 깜짝 놀랄 정도였습니다.

1986년 7월 26일, 토요일 오후 2시 30분. 네바 강변을 따라 걸어서 에르미타주 미술관으로 갔습니다. 관광객 출입구를 지나쳐 내려가

자 알렉세이가 알려준 문이 나타났습니다. 안으로 들어섰습니다. 커다란 책상 뒤에 앉은 직원이 구내전화로 연락을 해주었습니다.

몇 분이나 지났을까, 목소리의 주인공이 나와서 반갑게 맞아주었습니다. 그리고 화려한 복도와 우아한 계단을 따라 관광객에게는 공개되지 않는 외진 곳으로 나를 데려갔습니다. 높은 천장을 가진 길쭉하게 생긴 방이었는데, 마치 옛 화가의 스튜디오 같은 분위기였습니다. 사방에 그림들이 차곡차곡 쌓여 있었습니다. 방 한복판에는 커다란 테이블과 의자가 놓여 있었고, 그 위에는 종이와 온갖 잡다한 물품들이 빼곡하게 들어찬 방이었습니다.

잠시 대화를 나누며 알게 된 사실이지만, 알렉세이는 에르미타주 미술관의 예술품 복원부서의 최고책임자였습니다. 렘브란트의 그림을 마음껏 감상하고 싶어 하는 뜻에 따뜻한 이해와 관심을 보이며 필요한 게 있으면 무엇이든 돕겠다고 했습니다. 그러고는 나를 곧장 〈탕자의 귀향〉 앞으로 데려갔습니다. 그는 경비 담당 직원에게 방해하지 말라는 특별 지시까지 내려두고 자리를 떴습니다.

그리하여 마침내 그 앞에 섰습니다. 거의 3년이 다 되도록 생각과 마음에 자리잡고 있던 그림과 마주하게 된 겁니다. 장엄한 아름다움에 숨이 턱 막혔습니다. 그림 사이즈는 사람 실물보다 더 컸습니다. 붉고, 누렇고, 노란 색깔들이 풍성하게 흘러넘쳤습니다. 움푹 파인 부분에는 짙은 그늘이 드리웠고 튀어나온 면은 밝게 빛났습니다.

하지만 무엇보다도 눈길을 사로잡았던 건 신비로운 구경꾼 넷에 둘러싸인 채 환한 빛 아래 서로 끌어안고 있는 아버지와 아들의 모습이었습니다. 원작이 다소 실망스러울지 모른다고 걱정했던 적이 있었습니다. 하지만 사실은 정반대였습니다. 얼마나 웅장하고 눈부시던지 모든 의구심은 사라지고 그림에 깊이, 또 깊이 빠져들고 말았습니다. 그곳에 간 것이야말로 진정한 귀향이라는 생각이 들 정도였습니다.

가이드를 따라 수많은 관광객들이 꼬리에 꼬리를 물고 들어왔다가 또 사라져갔습니다. 아랑곳하지 않고 코앞에 놓인 붉은 벨벳의자에 앉아 하염없이 그림을 바라보았습니다. 진짜배기를 감상하고 있는 겁니다. 집으로 돌아온 아들을 껴안고 있는 아버지뿐만 아니라 맏아들이 다른 세 사람과 함께 서 있는 것도 보입니다. 〈탕자의 귀향〉은 가로 1.8미터, 세로 2.4미터의 캔버스에 유화물감으로 그린 대작이었습니다.

한동안은 그저 멍하니 거기 있었습니다. 그토록 보고 싶어 하던 그림 앞에 실제로 와 있다는 감격에 다른 생각을 할 여지가 없었습니다. '탕자'를 질리도록 구경하면서 상트페테르부르크 에르미타주 미술관에 머무는 기쁨을 만끽했습니다.

그림은 더할 나위 없이 좋은 자리에 걸려 있었습니다. 가까이에 있는 커다란 창문을 통해 80도 각도로 풍부한 자연광이 쏟아져 들어왔습니다. 거기 앉아서 지켜보니 오후가 되면서 빛이 한결 윤택하고 강렬해지는 걸 알 수 있었습니다. 오후 4시가 되자 태양은 이전과는 전혀 다른 세기의 빛으로 그림을 뒤덮었습니다. 배경에 숨어 있던 인물들(이른 시간에는 정말 흐릿하게 보였습니다)이 컴컴한 구석에서 걸어 나오는 것처럼 보였습니다.

저녁이 가까워질수록 햇살은 더욱 생생하게 일렁였습니다. 아버지와 아들의 포옹은 더 굳세고 깊어졌습니다. 구경꾼들은 화해와 용서, 내적 치유라는 신비한 사건에 더 직접적으로 관여하기 시작했습니다. 빛의 추이에 따라 여러 종류의 탕자 그림이 나타나는 효과가 났습니다. 오래도록 자연과 예술의 우아한 춤사위를 넋을 놓고 바라보았습니다.

시간 가는 줄 몰랐습니다. 알렉세이가 다시 나타났을 때는 두 시간도 더 지나 있었습니다. 그는 부드러운 미소를 지으며 따듯한 말투로 좀 쉬었다 감상하는 게 좋겠다며 나가서 커피나 한잔하자고 했습니다. 그리고 미술관의 웅장한 방들(대부분 차르의 옛 겨울궁전에 속한)을 지나 처음에 들렀던 작업실로 안내했습니다. 알렉세이와 동료는 빵이며 치즈, 단것 등을 잔뜩 차려놓고 이것저것 먹어보라고 권했습니다.

'탕자'와 더불어 조용한 시간을 보낼 꿈을 꾸었을 뿐, 에르미타주 미술관 예술품 복원 전문가들과 애프터눈 커피까지 마시게 될 줄은 정말 몰랐습니다. 두 사람은 렘브란트 그림에 관해 알고 있는 지식을 아낌없이 나눠주었습니다. 그리고 한편으로는 내가 왜 거기에 그토록 집착하는지 몹시 궁금해했습니다. 그림에 얽힌 영적인 경험과 의견을 들려주자 두 사람 모두 깜짝 놀라고 심지어 혼란스러워하는 눈치였습니다. 귀를 쫑긋 세우고 더 많은 이야기를 듣고 싶어 했습니다.

커피를 마시고 돌아와 한 시간쯤 더 그림을 구경했습니다. 경비원과 청소하는 아주머니가 와서 말을 걸었습니다. 무슨 얘긴지 알아들을 수는 없었지만, 이제 폐관 시간이 되었으니 그만 나가야 한다는 뜻인 것 같았습니다.

나흘 뒤, 다시 그림을 보러 갔습니다. 이번에는 입이 간질거려서 참을 수가 없을 만큼 재미있는 일이 벌어졌습니다. 아침 햇살이 어슷하게 그림에 떨어지는 바람에 유화물감이 번들거렸습니다. 그래서 벨벳의자 하나를 가져다놓고 이리저리 옮겨 앉아가면서 그림을 감상했습니다. 반사광이 생기지 않은 각도에서 봐야 그림의 인물들을 또렷이 볼 수 있기 때문이었습니다.

경비원(군인풍의 모자와 유니폼을 입은 근엄한 젊은이였습니다)은 그 꼴이 영 마땅찮았나 봅니다. 제멋대로 의자를 들었다 놨다 하는 뻔뻔스러움에 짜증이 났을지도 모릅니다. 뚜벅뚜벅 걸어오더니 기관총처럼 빠른 러시아어와 세상 어디서나 통용될 법한 몸짓으로 의자를 당장 제자리에 가져다두라고 명령했습니다. 대꾸를 한답시고 햇살과 캔버스를 번갈아 가리키며 의자를 옮길 수밖에 없는 이유를 열심히 설명했습니다. 아무리 용을 써도 상대방은 전혀 아랑곳하지 않았습니다.

할 수 없이 의자를 본래 있던 곳에 되돌려놓고 대신 맨바닥에 주저앉았습니다. 하지만 그건 불난 집에 부채질을 한 격이었습니다. 이쪽의 어려움을 인정받기 위해 한참을 더 발버둥친 끝에 마침내 창 바로 아래 있는 라디에이터에 앉도록 허락을 받았습니다. 거기라면 그림이 잘 보일 거라는 겁니다. 그러나 그것도 잠시뿐, 큰 그룹을 이끌고 지나가던 국영 여행사 가이드가 다가오더니 엄숙한 표정으로 지시를 내렸습니다. 라디에이터에 걸터앉지 말고 벨벳의자로 가라는 겁니다.

이번에는 경비원이 가이드에게 몹시 화를 내며 거기 앉으라고 한 게 바로 자신이라는 뜻을 풍부한 어휘와 화려한 제스처로 전달했습니다. 가이드는 직성이 풀리지 않은 것 같았지만 일단 렘브란트의 그림을 쳐다보며 인물의 크기에 놀라고 있는 관광객들에게 돌아갔습니다.

그로부터 몇 분 뒤, 알렉세이가 내 동정을 살피러 왔습니다. 그리고 즉시 경비원에게 갔고 둘 사이에는 긴 대화가 시작됐습니다. 경비원은 상황을 설명하려고 애쓰는 게 분명했지만, 얘기가 얼마나 길게 늘어지던지 불똥이 어디로 튈지 내심 불안했습니다. 그러더니 갑자기 말소리가 뚝 끊어졌습니다. 알렉세이는 밖으로 나가버렸습니다. 그런 소동에 불을 댕긴 게 몹시 미안했습니다. 알렉세이도 내게 단단히 화가 났을 것만 같았습니다.

그런데 채 10분도 지나기 전에, 알렉세이가 크고 푹신한 팔걸이의자를 들고 되돌아왔습니다. 붉은 벨벳으로 겉을 씌우고 다리는 황금빛으로 칠해진 의자였습니다. 마음에 쏙 들었습니다. 알렉세이와 경비원, 그리고 내 얼굴에도 빙그레 미소가 떠올랐습니다. 이제 전용 의자가 생겼고 아무도 거기에 토를 달지 않았습니다. 갑자기 모든 게 한바탕 코미디 같았습니다. 겨울궁전의 어느 방에 있던 화려한 팔걸이의자를 가져온 뒤에야 비로소 자유롭게 옮겨다니며 그림을 볼 수 있게 됐습니다. 그 방에도 빈 의자가 세 개씩이나 있었지만 손도 댈 수 없었습니다.

아, 이 '예술적인' 관료주의라니! 처음부터 끝까지 이 해프닝을 다 지켜보았을 그림 속 인물들도 우리들처럼 미소지었을까요? 나로서는 죽는 날까지 알 수 없는 일입니다.

  가이드와 관광객들한테 들은 얘기들, 햇볕이 조금씩 강해졌다 사라져가면서 빚어냈던 장면들, 예수님이 말씀하시고 렘브란트가 그린 이 비유의 일부로 점점 녹아들어가는 과정에서 가장 깊은 존재의 심연에 떠올랐던 생각들을 정리하다보니 얼추 4시간이 흘렀습니다. 에르미타주 미술관에서 보낸 이 금쪽같은 시간이 과연 어떤 열매를 맺을 수 있을지, 결실을 얻는다면 과연 어떤 모양이 될지 알고 싶었습니다.

  그림과 작별하기에 앞서, 그 젊은 경비원에게 가서 손짓발짓을 해가며 오래도록 잘 참아주어서 고맙다는 뜻을 전했습니다. 커다란 러시아 모자 아래 드러난 그의 눈동자에서 나와 다름없는 한 사람의 모습을 보았습니다. 두려워하는, 그러나 한편으론 용서를 갈구하는 인간의 초상이었습니다. 수염 자국 하나 없는 앳된 얼굴에 웃음기가 부드럽게 번져나갔습니다. 나도 모르게 웃음이 나왔습니다. 비로소 둘 다 마음이 편해졌습니다.

바로 그 사건, 돌아온 탕자

  상트페테르부르크 에르미타주 미술관에 다녀온 후 몇 주가 지난

라르쉬(L'Arche)
—
지적장애를 가진 이들에게 따뜻한 보금자리를 제공하는 공동체로,
'방주'라는 뜻이다. 1964년, 캐나다 사람 장 바니에가 프랑스 트로즐리에
처음 설립했다. 헨리 나우웬은 1986년, 이곳의 캐나다 분원인 데이브레이크에
들어가 심장마비로 세상을 떠나던 1996년 9월까지 이곳에 몸담았다.

어느 날, 토론토에 있는 라르쉬 '데이브레이크'에 도착했습니다. 공동체 안에 살면서 식구들을 돌보는 목회자로 일하게 된 겁니다. 소명을 확인하고 과연 지적 장애인들과 평생을 살도록 부르심을 받았는지 점검하는 데 한 해를 꼬박 바쳤음에도 불구하고 정말 그런 삶을 잘 살아낼 수 있을까 여전히 걱정스럽고 두려웠습니다.

예전에는 지적 장애인들에게 아무런 관심이 없었습니다. 오히려 대학생들과 젊은이들의 문제에 집중했습니다. 강의하고, 글을 쓰고, 체계적으로 설명하고, 제목과 부제를 달고, 설득하고 분석하는 법을 배웠습니다. 제대로 말할 줄 모르고 설령 그럴 능력이 있다 하더라도 논리정연하게 주장을 펴는 데는 눈곱만큼도 흥미가 없는 이들과 의사소통하는 법에 관해서는 아는 게 거의 없었습니다. 지성보다 마음으로 듣고 말보다 삶에 더 민감하게 반응하는 이들에게 예수님의 복음을 선포하는 일에 대해서도 생판 무지렁이였습니다.

1986년 8월, 마침내 데이브레이크 공동체에 첫발을 디뎠습니다. 올바른 선택을 했다는 확신은 있었지만 한편으로는 앞길에 무슨 일이 기다리고 있을지 모른다는 두려움이 가득했습니다. 그럼에도 불구하고 한 가지만큼은 확실했습니다. 강의실에서만 20여 년을 보냈으니, 이제 하나님이 '심령이 가난한 이들'을 대단히 특별한 방식으로 사랑하시며 내 편에서 줄 건 거의 없을지라도 그쪽에서 베풀어줄 선물은 대단히 많다는 사실을 현장에서 확인할 때가 된 겁니다.

데이브레이크에 들어간 뒤에 처음 한 작업 가운데 하나는 〈탕자의 귀향〉 포스터를 걸어두기에 마땅한 자리를 찾는 일이었습니다. 공동체에서 내어준 사무실이 안성맞춤이었습니다. 자리에 앉아 글을 읽고 쓰거나 누군가와 대화를 나눌 때마다 아버지와 아들의 신비로운 포옹을 늘 볼 수 있었고, 훗날 그것은 내 영적인 여정의 일부가 되었습니다.

에르미타주 미술관에 가서 진품을 본 뒤로, 밝은 공간을 둘러싸고 있는 4명의 인물에 조금 더 관심을 갖게 됐습니다. 집에 돌아온 아들을 반가이 맞고 있는 아버지 곁에 서 있는 여자 둘, 남자 둘 말입니다. 구경꾼들을 가만히 보고 있노라면 저들은 그 장면을 어떻게 생각하고 또 느꼈을지 궁금해졌습니다.

세상에는 온갖 종류의 방관자, 또는 관찰자들이 있습니다. 살아온 여정을 되짚어볼수록 나 역시 참으로 긴 세월에 걸쳐 구경꾼 노릇을 해왔다는 것을 뚜렷이 알 수 있었습니다. 오랫동안 영적인 삶의 여러 측면들을 학생들에게 가르치면서 그 중요성을 깨닫게 해주려고 애썼지만, 정작 나 자신은 그 한복판에 과감히 뛰어들어 무릎을 꿇고, 하나님의 용서의 품에 안겨본 적이 있었는지 의심스러웠습니다.

생각을 표현하고, 논리적으로 설명하며, 자기 입장을 변호하고,

분명한 비전을 제시할 줄 안다는 아주 단순한 사실만 가지고 스스로 상황을 통제할 수 있다고 자신했습니다(그건 지금도 마찬가지입니다). 그리고 일반적으로 위험을 무릅쓰고 불확실한 상황에 자신을 내맡기는 순간보다는 이편에서 주어진 환경을 지배한다고 믿을 때 더 마음이 편안했습니다.

오래도록 기도하고, 며칠 또는 몇 달 동안 현장에서 물러나 묵상하는 기간을 갖고, 많은 영적인 지도자들과 무수히 대화를 나누었지만 구경꾼 역할을 좀처럼 포기하지 않았습니다. 내부인이 되어 안에서 밖을 내다보면 얼마나 좋을까 하는 생각을 늘 하고 있었지만, 결정적인 순간이 되면 바깥에서 안을 들여다보는 외부인의 자리를 선택하기를 끊임없이 되풀이했습니다. 그처럼 외부에서 안쪽을 넘겨보는 눈길에는 때로는 호기심이, 때로는 시샘이, 때로는 근심이, 경우에 따라서는 애정이 깃들어 있었습니다.

그러나 '비판적 관찰자'라는 상대적으로 안전한 지위를 포기한다는 건 생면부지의 낯선 세계로 무작정 뛰어드는 짓처럼 보였습니다. 나로서는 영적인 여정을 스스로 통제하고 싶었습니다. 최소한 부분적으로라도 결과를 예측할 수 있기를 간절히 바랐습니다. 안전한 구경꾼의 위치를 버리는 대신, 집으로 돌아온 연약한 탕자의 자리에 선다는 건 거의 불가능한 일에 가까웠습니다.

학생들을 가르치면서 수천 년 동안 수많은 이들이 예수님의 말씀과 행동을 해석한 내용을 전달하고 이전 시대를 살았던 인물들의 영적인 여정을 소개하는 일은, 거룩한 포옹 현장을 에워싸고 지켜보는 네 사람 가운데 하나가 되는 것과 대단히 흡사했습니다. 아버지 뒤쪽에서 서로 얼마쯤 거리를 두고 서 있는 두 여인, 의자에 앉아서 아무 곳에도 눈길을 주지 않은 채 허공만 응시하고 있는 남자, 그리고 딱 버티고 서서 눈앞의 무대에서 벌어지고 있는 일을 냉정하게 지켜보는 키 큰 남자. 이들은 상황에 개입하지 않는 갖가지 방식들을 보여줍니다.

무관심하기도 하고, 호기심을 보이기도 하고, 몽상에 빠지기도 하고, 세심하게 관찰하기도 합니다. 응시하거나, 주시하거나, 감시하거나, 주목합니다. 뒷전에 서 있는 이도 있고, 아치에 기댄 이도 있고, 팔걸이의자에 앉은 이도 있고 두 손을 모아쥐고 선 이도 있습니다. 그림에 등장하는 내부인과 외부인의 마음가짐 하나하나가 모두 나와 비슷합니다. 편한 게 있고 상대적으로 불편한 게 있을 수 있겠지만, 현장에 직접 개입하지 않는 자세라는 점에서는 똑같습니다.

대학생들을 가르치는 일을 접고 지적 장애인들과 함께 살기 시작한다는 건 아버지가 무릎을 꿇고 앉은 아들을 끌어안고 있는 무대를 향해 한 걸음 더 다가서는 과정이었습니다. 적어도 나한테는 그랬습니다. 그곳은 빛의 자리요, 진리의 자리요, 사랑의 현장이었습니다.

하지만 그곳은 그토록 들어가길 원하면서도 두려워서 차마 발을 들여놓지 못했던 자리였습니다. 그토록 간절히 열망하고, 소원하고, 갈구하던 것들을 모두 받을 수 있는 곳이었지만 한편으로는 악착같이 붙들고 싶은 모든 것들을 놓아버려야 하는 자리였습니다. 아울러 사랑, 용서, 치유를 베푸는 것보다 그걸 받아들이기가 한결 힘들다는 사실과 맞닥뜨리는 자리였습니다. 수익이나 자격, 보상을 초월한 자리였습니다. 포기하고 온전히 신뢰하는 자리이기도 했습니다.

데이브레이크에 들어간 지 얼마 안 돼서, 다운증후군을 앓고 있는 린다라는 아리따운 아가씨가 나를 덥석 끌어안고 말했습니다. "와, 반갑습니다!" 낯선 얼굴을 만날 때마다 확신과 사랑을 품고 스스럼없이 보내는 환영인사였습니다. 하지만 그런 포옹을 어떻게 받아들여야 할까요?

린다는 나를 만나본 적이 없습니다. 데이브레이크에 오기 전에 어디서 어떻게 살았는지 전혀 모릅니다. 어두운 구석에 부딪힐 일도 없었고 빛나는 면을 알아볼 기회도 없었습니다. 내가 쓴 책 가운데 어느 것도 읽어보지 못했습니다. 강연을 들어보지도 않았습니다. 심지어 제대로 대화해본 경험도 없습니다.

그렇다면 얼굴에 환한 미소를 한가득 머금은 채, 참 예쁘다고 칭찬해주고는 마치 아무 일도 없었다는 듯 가던 길을 계속 가야 할까요? 린다는 무대 한쪽에 서서 몸짓으로 말하고 있었습니다. "어서 올라오세요. 그렇게 수줍어 할 것 없어요. 하늘아버지는 당신도 안아주고 싶어 하세요." 린다가 환영인사를 하거나, 빌이 악수를 청하거나, 그레고리가 웃으며 눈을 맞추거나, 아담이 입을 꾹 다물거나, 레이몬드가 수다를 떨 때마다 그 제스처를 특별한 뜻으로 '해석'할지, 아니면 그저 더 높이, 더 가까이 오라는 초대로 받아들일지 선택해야 할 것만 같았습니다.

데이브레이크 생활은 쉽지 않았습니다. 내면의 갈등이 심했고 정신적, 정서적, 영적인 고통이 따랐습니다. 공동체에 들어왔다는 사실 자체는 그런 어려움과 아무런, 정말 아무런 상관이 없었습니다. 오히려 하버드에서 라르쉬로 옮기면서 구경꾼에서 주인공으로, 재판관에서 회개하는 죄인으로, 사랑에 관해 가르치는 교사에서 가장 소중한 존재로 사랑받는 인간으로 변해가는 아주 작은 걸음을 내딛게 됐습니다.

당시만 해도 그 여정이 얼마나 고달플지 전혀 눈치채지 못했습니다. 반항 의지의 뿌리가 얼마나 깊은지 가늠하지 못했습니다. '제정신으로' 무릎을 꿇고 눈물을 줄줄 쏟는다는 게 얼마나 괴로운 일인지 몰랐습니다. 렘브란트가 그려낸 위대한 사건의 일부가 되는 것이 얼마나 어려운 일인지 실감하지 못했습니다.

무대 한복판으로 걸어들어 가는 한 걸음 한 걸음이 도저히 따를 수 없는 명령처럼 보였습니다. 통제할 수 있기를 바라는 마음을 한 번 더 버리기를, 앞날을 예측하며 살려는 욕구를 한 번 더 포기하기를, 어디로 가는지 전혀 알 수 없는 끔찍한 두려움을 한 번 더 맛보기를, 끝없는 사랑을 한 번 더 실천하기를 요구했습니다.

그리고 아무런 전제가 달려 있지 않은 무조건적인 사랑을 직접 받아보지 않는 한, 제아무리 안간힘을 쓴다 해도 그 위대한 명령대로 살 수 없다는 걸 깨달았습니다. 사랑에 대해 가르치는 수준에서 스스로 사랑받는 단계로 나가는 길은 생각보다 훨씬 멀었습니다.

바로 그 비전, "하나님이 계신 집으로"

데이브레이크에 도착한 날부터 웬만한 일들은 일기와 노트에 다 기록했지만 그 상태 그대로는 다른 이들과 나누기가 어렵습니다. 말이 너무 거칠고, 요란하고, '피투성이'인데다가, 적나라하기까지 합니다. 하지만 그 혼란스럽던 시절을 돌아보고 예전보다는 한결 객관적인 시각으로 그 모든 씨름들을 이야기할 만한 시점이 됐습니다.

사실은 아직도 아버지의 품에 와락 안길 만큼 자유롭지 못합니다. 여전히 탕자와 같은 처지입니다. 계속 걸으며 할 말을 준비하는 한편, 마침내 아버지 집에 도착하는 순간 무슨 일이 벌어질지 머릿속으로 거듭 그려봅니다. 하지만 집으로 돌아가는 길이라는 사실만큼은 분명합니다. 먼 지방을 떠나서 친밀한 사랑을 맛보러 가고 있습니다.

개인적인 이야기를 할 준비가 됐다고 생각하는 건 그런 이유에서입니다. 거기서 얼마쯤 소망을, 빛을, 위안을 찾게 될지도 모르겠습니다.

지난 몇 해 동안 살며 겪은 일들을 적잖이 이야기하려고 합니다. 혼란과 절망으로 설명하지는 않겠습니다. 도리어 한 순간 한 순간, 빛을 향해 나가는 여정으로 여길 것입니다.

데이브레이크에 머무는 동안 늘 그림과 함께했습니다. 이리저리 옮겨다니며 떼었다 붙이기를 몇 번이나 되풀이했는지 모릅니다. 사무실에서 예배실로, 예배실에서 데이스프링(데이브레이크 공동체의 기도원쯤 됩니다)으로, 데이스프링 거실에서 다시 예배실로 자리를 바꿨습니다. 데이브레이크 안팎에서 침이 마르도록 그림 이야기를 했습니다. 지적 장애인들과 도우미들에게, 사역자와 성직자들에게, 그 밖에 각계각층의 수많은 이들에게 설명했습니다.

그런데 '탕자'를 입에 올리면 올릴수록 어쩐지 나를 위한 작품 같다는 생각이 점점 짙어졌습니다. 하나님이 내게 들려주시려는 말씀의 핵심뿐만 아니라 이편에서 주님과 거룩한 백성들에게 전달하고 싶어 하는 이야기의 골자까지도 그 그림 한 장에 다 들어 있습니다. 복음의 정수가 집약되어 있다고나 할까요?

아울러 내 삶도 거기에 있습니다. 친구들의 삶도 마찬가지입니다. '탕자'는 하나님나라로 통하는 신비로운 창이 됩니다. 기기묘묘하게 어울려 하루하루의 삶을 구성하는 다채로운 사람과 사건을 돌아볼 수 있도록 존재의 이면으로 들어가게 해주는 대문과 같았습니다.

외로움과 사랑, 슬픔과 기쁨, 원망과 감사, 전쟁과 평화 등 갖가지 인간 경험들을 면밀히 관찰하여 하나님의 모습을 어림잡아보려고 꽤 오랫동안 노력했습니다. 영혼의 오르내림을 파악하고 사랑의 하나님만이 채우실 수 있는 굶주림과 목마름을 분간하려고 애썼습니다. 변질되지 않고 언제나 한결같으며 현세를 초월해 영원한 것, 심신이 무기력해질 만큼 강력한 두려움도 가뿐히 뛰어넘는 온전한 사랑, 고통과 고뇌로 가득한 비참한 상황을 극복하는 하나님의 위로를 찾으려 했습니다.

인간의 유한성을 딛고 서서 예상보다 훨씬 더 크고, 깊고, 넓고, 아름다운 실재에 눈을 돌리게 하려고 안간힘을 썼습니다. 아울러 마음을 열고 믿는 이들은 이미 그 존재를 보고, 듣고, 만질 수 있다는 사실을 알려주려고 꾸준히 노력했습니다.

그러나 이곳 데이브레이크에서 시간을 보내면서 그때까지 단 한 번도 가본 적이 없는 내면의 한 지점으로 이끌려갔습니다. 하나님이 머물려고 선택하신 바로 그 자리입니다. 이름을 꼭 집어 부르시며 "사랑하는 아들아, 내가 네게 은혜를 베푸노라"라고 말씀하는 사랑 많으신 하나님 품에 안겨 마음 편히 쉬는 자리입니다. 세상이 결코 줄 수 없는 기쁨과 평안을 맛볼 수 있는 자리이기도 합니다.

갑자기 생긴 자리가 아니었습니다. 거기가 은혜의 원천이라는 사실을 벌써부터 알고 있었습니다. 하지만 정말 그 안에 들어가서 살 수는 없었습니다. 예수님은 말씀하십니다. "예수께서 그에게 대답하셨다. '누구든지 나를 사랑하는 사람은 내 말을 지킬 것이다. 그리하면 내 아버지께서 그 사람을 사랑하실 것이요, 내 아버지와 나는 그 사람에게로 가서 그 사람과 함께 살 것이다'"(요 14:23, 새번역). 볼 때마다 깊은 감동을 주는 본문입니다. 내가 바로 하나님의 집이라니, 놀랍지 않습니까?

하지만 그 말씀의 참뜻을 몸으로 살아내기란 여간 힘든 게 아니었습니다. 그렇습니다. 하나님이 내 마음 가장 깊은 곳에 머무신다는 것까지는 괜찮은데, "내 안에 머물러 있어라. 그리하면 나도 너희 안에 머물러 있겠다"(요 15:4)고 하시는 예수님의 명령은 어떻게 받아들여야 할까요? 주님의 초대는 한 점 모호한 구석 없이 명쾌합니다.

하나님이 살기로 정하신 곳에 내 집을 세우라는 건 대단히 거대한 영적 도전입니다. 너무 거대해서 불가능에 가까운 과제처럼 보일 정도입니다.

사고방식으로든, 느낌으로든, 감정으로든, 열정으로든 하나님이 집으로 삼으신 곳에서 늘 멀리 떨어져 지냈습니다. 집으로 돌아가서 하나님이 계신 곳에 자리를 잡고 사랑이 넘치는 그 진실한 음성에 귀를 기울이는 것이야말로 내게는 두렵기 짝이 없는 여행이었습니다. 주님은 마치 질투심에 사로잡힌 연인처럼 잠시도 눈을 떼지 않고 내 모든 걸 원하시는 분임을 잘 알기 때문입니다. 도대체 언제쯤이나 그런 사랑을 받을 만한 자격을 갖출 수 있을까요?

하나님은 손수 그 길을 열어주셨습니다. 정서적이고 신체적인 풍파가 데이브레이크의 분주한 일상을 꾸려가기 힘들 만큼 거칠게 몰아닥치는 바람에 집으로 돌아가지 않고는 견딜 수 없는 지경에 이르렀습니다. 하나님을 만날 만한 곳, 즉 내 마음의 지성소에 계시는 주님을 구하게 된 겁니다.

아직 거기에 이르렀다고 말할 수는 없습니다. 죽는 날까지도 도달하지 못할 겁니다. 하나님에게 가는 길은 죽음의 울타리 너머로 멀리 이어지는 까닭입니다. 한편으로는 대단히 멀고 고단한 여정이지만 또 다른 한편으로는 최종 목적지의 삶을 맛볼 수 있는 경이로운 체험이 가득한 과정이기도 합니다.

렘브란트의 그림을 처음 보았을 무렵, 나는 내 안에 있는 하나님의 집에 지금만큼 친숙하지 않은 상태였습니다. 그런데도 아버지가 아들을 껴안고 있는 장면에 그처럼 뜨거운 반응을 보였던 것을 보면, 그림 속 젊은 친구처럼 나 역시 안전하게 깃들일 내면의 자리를 절박하게 탐색하고 있었음에 틀림없습니다. 당시만 하더라도 그 지점에 몇 발짝 다가서기 위해 무얼 해야 할지 내다보지 못했습니다.

하나님이 어떤 계획을 마련해두셨는지 미리 내다보지 못했던 게 도리어 감사합니다. 하지만 내면의 고통을 통해 눈뜨게 된 새로운 마음의 자리 역시 얼마나 감사한지 모르겠습니다.

이제 사명이 하나 더 생겼습니다. 새로운 자리에 서서 지금까지 해왔던 것과는 반대로 나는 물론이고 다른 이들의 불안한 삶을 향해 글을 쓰고 메시지를 전하는 일입니다. 아버지 앞에 무릎을 꿇은 채로 주님의 가슴에 귀를 바짝 들이대고 아무런 방해 없이 그 박동소리에 귀를 기울여야 합니다. 그리고 나서야, 정말 그러고 나서야 비로소 들은 내용을 신중하고도 온화하게 이야기할 수 있습니다.

이제는 영원에서 시간으로, 변치 않는 기쁨을 딛고 서서 잠시 머물다 흘러가는 세상 만물의 실재를 향하여, 사랑의 집으로부터 두려움의 집으로, 하나님의 거처에서 인간 존재의 처소로 메시지를 전달해야 한다는 사실을 압니다. 물론 어마어마한 부르심입니다. 하지만 내게 주어진 길은 그것 하나뿐이라는 점만큼은 확실합니다. 하나님의 눈으로 사람과 세상을 바라본다는 뜻에서 그것을 '선지자적인 시각'이라고 부를 수도 있을 겁니다.

  이것이 인간에게 현실적으로 가능한 일일까요? 더 나아가서 정말 이 길을 선택해도 괜찮을까요? 지식을 얻으려는 질문이 아닙니다. 소명에 관한 물음입니다. 하나님은 내 존재의 중심을 지성소로 선택하셨고 나는 그리 들어가도록 부르심을 받았습니다. 그리 들어가는 길은 쉼 없는 기도뿐입니다. 허다한 갈등과 엄청난 고통이 그 길을 평탄하게 만들 수 있을지 몰라도 오직 쉬지 않고 기도하는 것만이 그곳에 들어가게 해줄 수 있습니다.

작은아들, 큰아들, 그리고 아버지

여
는
글

〈탕자의 귀향〉을 처음 보았던 그해, 내 영적인 여정은 세 단계를 거쳤습니다. 그것을 보면 앞으로 할 이야기의 구조를 파악하는 데 도움이 됩니다.

첫 번째 단계는 둘째아들이 되는 경험입니다. 오랜 세월 대학에서 학생들을 가르치는 한편으로 중남미 사태에 깊이 관여하는 삶을 살면서 깊고 깊은 상실감에 빠지게 됐습니다. 참으로 멀리, 그리고 널리 떠돌아다녔으며, 생활 방식과 신념이 제각각인 이들을 무수히 만났고, 갖가지 운동에 몸담았습니다. 하지만 막바지에 이르러서는 떠돌이 신세라는 느낌과 피로감이 밀려들었습니다.

아버지가 작은아들의 어깨에 손을 얹고 품에 끌어안는 따듯한 장면을 대하는 순간, 방황하는 둘째가 바로 나라는 깨달음이 들었습니다. 한시 바삐 집으로 돌아가 그림 속 젊은이처럼 아버지 품에 안기고 싶은 충동이 일었습니다. 오랫동안 나 자신을 탕자, 즉 아버지가 반가이 맞아주기를 기대하며 집으로 돌아가고 있는 둘째아들이라고 생각했습니다.

그런데 정말 뜻밖에도, 그런 시각에 어떤 변화가 일어났습니다. 프랑스에서 일 년을 보내고 상트페테르부르크 에르미타주 미술관을 둘러본 다음부터 '내가 곧 작은아들'이라고 철석같이 믿게 만들던 그 절박한 감정들이 의식 뒤편으로 사라져갔습니다. 결국 토론토에 있는 데이브레이크에 들어가기로 작정했고 예전보다 한결 자신감이 생겼습니다.

영적인 여정의 두 번째 단계는 어느 날 저녁, 일 년 전에 만나 아주 친해진 영국인 친구 바트 개비건과 렘브란트의 그림을 두고 대화를 나누는 도중에 시작됐습니다. 작은아들과 내가 얼마나 똑같은지 이야기하자 바트는 마음을 꿰뚫듯 쳐다보며 말했습니다. "글쎄, 자넨 도리어 큰아들과 더 닮지 않았나 싶은데?" 그의 한마디는 내면 세계에 새로운 지평을 열어주었습니다.

솔직히 말해서, 단 한 번도 스스로 큰아들일지 모른다고 생각해본 적이 없지만, 일단 친구가 그 가능성을 들이대자 머릿속에 수만 가지 생각이 소용돌이치기 시작했습니다.

실제로 우리집 맏이라는 단순한 사실을 비롯해 그동안 얼마나 착실하게 본분을 다하며 살았는지 의식하게 되었습니다. 여섯 살 코흘리개 시절부터 일찌감치 성직자가 되기로 작정하고 평생 뜻을 바꾸지 않았습니다. 태어나서 세례와 견진, 서품을 모두 한 교회에서 받았으며 부모와 교사에게, 주교들에게, 그리고 하나님께 늘 순종했습니다. 집을 나가거나 육신의 쾌락을 좇아 시간과 돈을 낭비한 일도 없었습니다. '방탕함과 술 취함'(눅 21:34)에 몰두하지도 않았습니다. 책임감을 가지고, 전통을 따르며, 집을 지키며 살았습니다.

그러면서도 실제로는 마치 둘째아들인 것처럼 살았던 겁니다. 퍼뜩 전혀 새로운 관점에서 나를 돌아보았습니다. 질투, 분노, 과민하고 완고한 태도, 그리고 무엇보다도 교묘한 독선이 눈에 들어왔습니다. 얼마나 불평을 입에 달고 지냈는지, 얼마나 적대감에 찌든 생각과 감정을 가지고 살았는지 깨달았습니다.

그러고도 어떻게 그처럼 오래도록 자신을 작은아들로 여길 수 있었는지 어처구니가 없었습니다. 나는 분명히 큰아들이었지만 동생과 다를 게 없었습니다. 평생 '집'을 떠나지 않았을지라도 길을 잃고 방황하기는 매한가지였습니다.

아버지의 농장에서 열심히 일했지만, 집에 있다는 기쁨을 온전히 맛본 적은 없었습니다. 아버지가 주신 온갖 특권에 감사하기는커녕, 어느새 세상에 나가 우여곡절을 다 겪고 돌아와서 따뜻한 환영을 받는 형제자매들을 시샘하는, 원망 가득한 인간이 되었습니다. 데이브 레이크에 들어가 생활한 한 해 반 동안, 바트의 예리한 지적은 내 내면 생활을 꾸준히 돌아보는 한마디가 되었습니다.

하지만 그것으로 끝나지 않았습니다. 사제서품 30주년을 기념하는 자리를 가진 지 몇 달이 지나기도 전에, 마음은 칠흑같이 어두운 구석으로 빠져들었으며 정신적으로 감당하기 어려울 만큼 극심한 고뇌에 시달리기 시작했습니다. 몸담고 있는 공동체에서 더 이상 안정감을 느낄 수 없었던 겁니다. 내면의 씨름에 힘을 보태주고 내적인 치유에 직접적으로 영향을 줄 수 있는 손길을 찾아 떠나야 할 때가 된 겁니다.

길을 나설 때 수중에 지닌 책이라고는 렘브란트나 탕자의 비유에 관한 서적들뿐이었습니다. 친구들과 공동체를 뒤로하고 외딴곳에 뚝 떨어져 사는 동안, 이 위대한 네덜란드 화가의 신산스러운 삶을 더듬는 한편, 결과적으로 〈탕자의 귀향〉이라는 장대한 작품을 그려내는 원동력이 된 고뇌의 발자취를 공부하면서 말할 수 없이 커다란 위로를 받았습니다.

실패와 환멸, 슬픔의 한복판에서 렘브란트가 빚어낸 그 찬란한 스

〈나무들, 농장 건물들과 타워가 있는 풍경〉, 1650, 동판화

—

"마음은 칠흑같이 어두운 구석으로 빠져들었으며 정신적으로 감당하기 어려울 만큼
극심한 고뇌에 시달리기 시작했습니다. 내면의 씨름에 힘을 보태주고
내적인 치유에 직접 영향을 줄 수 있는 손길을 찾아 떠나야 할 때가 된 겁니다.
길을 나설 때 수중에 지닌 책이라곤 렘브란트나 탕자의 비유에 관한 서적들뿐이었습니다.
실패와 환멸, 슬픔의 한복판에서 렘브란트가 빚어낸 그 찬란한 스케치와
그림들을 하루에도 몇 시간씩 들여다보았습니다."

케치와 그림들을 하루에도 몇 시간씩 들여다보았습니다. 모든 허물을 다 용서하는 연민의 몸짓으로 아들을 껴안고 있는 인물, 이제는 거의 앞을 보지 못하는 노인이 작가의 붓끝에서 탄생하게 된 배경과 그 과정을 차츰 이해하게 되었습니다. 그처럼 겸손한 하나님의 초상을 그려낼 때까지 화가는 무수한 죽음을 경험하고 한없는 눈물을 쏟았을 겁니다.[1]

그처럼 내면의 고통이 심각하던 시기에 영적인 여정의 세 번째 단계를 소개하고 거기에 마음을 여는 일이 반드시 필요하다는 걸 알려준 또 다른 친구가 있었습니다. 칠십 줄에 들어서면서부터 줄곧 데이브레이크와 동고동락했으며 내가 그 공동체에 들어가는 데도 결정적인 역할을 했던 수 모스텔러가 바로 그 주인공입니다. 수 할머니는 내 형편이 어려워질 즈음에 꼭 필요한 도움을 주었으며, 마음이 참으로 자유로워지기 위해서라면 어떠한 장애물도 두려워하지 말고 헤쳐 나가라고 격려했습니다.

외딴 '은신처'까지 찾아온 노인은 렘브란트의 그림 이야기를 듣고 말했습니다. "스스로 작은아들이라고 생각하든 큰아들로 여기든, 아버지처럼 살도록 부르심을 받았다는 걸 알아야 합니다."

얘기를 듣는 순간, 마치 벼락을 맞은 것처럼 정신이 번쩍 들었습니다. 그림과 더불어 산 세월이 이미 몇 해고 아들을 부둥켜안은 노인의 모습을 지켜본 것이 하루 이틀이 아니지만 그 아버지가 평생 감당해야 할 소명을 온전하게 보여주는 표상이라고는 꿈에도 생각해보지 않았기 때문입니다.

수 할머니는 대꾸할 틈도 주지 않았습니다. "평생 친구를 찾더군요. 서로 낯을 익힌 뒤부터 줄곧 지켜봤는데 사랑에 목마른 눈치가 역력했습니다. 일이라고 하면 이것저것 가리지 않고 죄다 관심을 보였습니다. 사방팔방 관심과 인정, 지지를 구걸했습니다. 이제 자신만의 진짜 소명을 추구할 때가 됐습니다. 아무것도 묻지 않고 어떤 대가도 바라지 않으며 집으로 돌아온 자녀들을 반가이 맞아주는 아버지가 되라는 겁니다. 그림 속의 노인을 잘 보십시오. 하나님이 어떤 인물이 되라고 부르시는지 알 수 있을 겁니다. 데이브레이크 식구들은 물론이고 주변 사람들 대다수는 당신에게 좋은 친구라든지 친절한 형제를 기대하지 않습니다. 스스로 '참다운 동정의 권위자'라고 떳떳이 말할 수 있는 아버지가 되어주기를 바랄 뿐입니다."

덥수룩한 수염에 붉은 망토를 걸친 노인을 바라보며 거기에 나를 대입하는 것은 영 거북했습니다. 흥청망청 재산을 탕진한 작은아들이나 원망이 마음에 가득했던 큰아들에게는 쉽게 동질감을 느끼는 반면, 이미 모든 것을 다 잃고 가진 게 없는 노인, 할 일이라고는 주는 것뿐인 아버지처럼 되어야 한다는 사실은 몹시 두려웠습니다. 하지만 렘브란트는 예순세 살에 세상을 떠났습니다. 나이로 치자면 나는 두 아들보다는 화가 쪽에 더 가깝습니다. 렘브란트는 기꺼이 자신을 아버지의 자리에 두었습니다. 그렇다면 나라고 안 될 이유가 있을까요?

수 모스텔러에게 도전을 받고 일 년 반쯤 지났을 무렵, 비로소 영적으로 나 자신을 아버지로 보기 시작했습니다. 더디고도 고된 싸움이었습니다. 더 자라지 않고 그냥 작은아들의 자리를 지키고 싶은 마음이 굴뚝같았습니다. 그러나 자식들이 집으로 돌아오고 용서와 축복의 뜻을 담아 그 어깨에 손을 올려놓으면서 말할 수 없는 기쁨을 맛보기도 했습니다. '아무것도 묻지 않고 집을 찾아 되돌아온 자녀들을 반가이 맞아주는' 아버지가 된다는 것이 무엇을 의미하는지 조금씩 알게 되었습니다.

렘브란트의 포스터를 처음 본 이래로 지금까지 살아온 발자취는 내게 영감을 불어넣어 이 책을 쓰게 했을 뿐만 아니라 그 뼈대까지 잡아주었습니다. 먼저 작은아들을 돌아보고 이어서 큰아들을 검토한 다음, 마지막으로 아버지를 살펴볼 겁니다. 내가 바로 작은아들이었고, 큰아들이었으며, 이제 아버지가 되어가는 과정에 있기 때문입니다.

나와 더불어 이 영혼의 길을 함께 걷는 이들 역시 스스로 내면을 돌아보고 '길 잃은 주님의 자녀'뿐만 아니라 '안타깝고 불쌍해서 마음이 끓는 부모', 곧 하나님의 모습을 찾게 되길 간절히 바라며 기도합니다.

THE YOUNGER SON
작은아들

1

어떤 사람에게 아들이 둘 있는데 작은아들이 아버지에게 말하기를 "아버지, 재산 가운데서 내게 돌아올 몫을 내게 주십시오" 하였다. 그래서 아버지는 살림을 두 아들에게 나누어주었다. 며칠 뒤에 작은아들은 제 것을 다 챙겨서 먼 지방으로 가서, 거기서 방탕하게 살면서, 그 재산을 낭비하였다. 그가 모든 것을 탕진했을 때에, 그 지방에 크게 흉년이 들어서, 그는 아주 궁핍하게 되었다. 그래서 그는 그 지방의 주민 가운데 한 사람을 찾아가서, 몸을 의탁하였다. 그 사람은 그를 들로 보내서 돼지를 치게 하였다. 그는 돼지가 먹는 쥐엄 열매라도 좀 먹고 배를 채우고 싶은 심정이었으나, 그에게 먹을 것을 주는 사람이 없었다. 그제서야 그는 제정신이 들어서, 이렇게 말하였다. "내 아버지의 그 많은 품꾼들에게는 먹을 것이 남아도는데, 나는 여기서 굶어 죽는구나. 내가 일어나 아버지에게 돌아가서, 이렇게 말씀드려야 하겠다. 아버지, 내가 하늘과 아버지 앞에 죄를 지었습니다. 나는 더 이상 아버지의 아들이라고 불릴 자격이 없으니, 나를 품꾼의 하나로 삼아주십시오." 그는 일어나서, 아버지에게로 갔다. _눅 15: 11-20_

REMBRANDT AND THE
YOUNGER SON

렘브란트, 그리고 작은아들

〈탕자의 귀향〉을 그릴 무렵, 렘브란트는 하루하루 죽음을 향해 다가서고 있었습니다. 사실, 이 그림은 화가의 유작에 속하는 작품입니다. 관련된 글들을 읽고 그림을 보면 볼수록 말도 많고 탈도 많은 삶을 살았던 대가가 남긴 마지막 말이라는 생각이 듭니다. 끝내 완성을 보지 못한 〈시므온과 아기 예수〉와 더불어 〈탕자의 귀향〉은 황혼기에 접어든 작가의 자의식을 보여줍니다.

육신의 시력은 어두워지는 반면, 내면의 눈이 뜨이는 것이 서로 밀접하게 연관되어 있다는 깨달음을 보여준다는 말입니다.

노쇠한 시므온이 여리디 여린 아기를 품에 안은 장면과 연로한 아버지가 지칠 대로 지친 아들을 끌어안은 모습을 보십시오. 예수님이

〈시므온과 아기 예수〉, 1669, 유화

"끝내 완성을 보지 못한 〈시므온과 아기 예수〉와 더불어 〈탕자의 귀향〉은 황혼기에 접어든 작가의 자의식을 보여줍니다. 시므온과 '돌아온 탕자'의 아버지는 둘 다 심중에 신비한 빛을 품고 있으며 거기에 의지해 세상을 바라봅니다."

제자들에게 하신 말씀이 떠오르지 않습니까? "너희가 보고 있는 것을 보는 눈은, 복이 있다"(눅 10:23, 새번역). 시므온과 '돌아온 탕자'의 아버지는 둘 다 심중에 신비한 빛을 품고 있으며 거기에 의지해 세상을 바라봅니다. 마음 깊숙한 곳에 숨겨져 있지만 부드러운 아름다움을 온 세상에 두루 발산하는 내면의 빛입니다.

하지만 내밀한 빛은 오랫동안 드러나지 않은 채 감춰져 있었습니다. 긴 세월, 렘브란트는 그 빛에 이르지 못했습니다. 갖가지 괴로움을 겪은 뒤에야 비로소 내면의 빛을 감지하기 시작했으며 손수 그려낸 인물들에도 자신을 통해 그 빛이 투영되어 있음을 깨달았습니다. 아버지처럼 되기 전까지는 렘브란트 역시 오래도록 "제 것을 다 챙겨서 먼 지방으로 가서, 거기서 방탕하게 살면서, 그 재산을 낭비"했던 작은아들이나 다름없는 삶을 살았습니다.

만년의 렘브란트는 원숙한 기량으로 늙은 아버지와 노쇠한 시므온 같은 인물들을 잇따라 빚어냈습니다. 그처럼 심오하게 내면화된 자화상들을 보고 있노라면, 작가 역시 한창때는 뻔뻔스럽고, 자신감이 넘쳤으며, 방탕하고, 성적인 쾌락을 탐닉하고, 몹시 거만했을 거라는 생각을 떨쳐낼 수 없습니다. 한마디로 탕자의 성품을 모두 지니고 있었음에 틀림없습니다.

서른 살 무렵, 렘브란트는 아내와 함께 있는 자신을 모델로 매음굴의 탕자를 그렸습니다. 내면의 갈등이라고는 눈곱만큼도 찾아볼 수 없는 정경입니다. 주인공은 술에 잔뜩 취해 있습니다. 입은 반쯤 벌어졌고 눈은 음탕한 욕심으로 번들거립니다. 마치 그림을 감상하는 이들에게 경멸하는 어조로 말하는 것 같습니다. "얼마나 신나는 줄 아쇼?" 오른손에는 반쯤 비운 술잔을 들고, 왼손으로는 파트너의 허리를 더듬고 있습니다.

여인의 눈동자 역시 그 못지않은 욕정으로 들떠 있습니다. 렘브란트의 굽이치는 긴 머리칼, 큼지막한 흰 깃털이 달린 벨벳 모자, 두 인물의 등 뒤로 늘어진 검(가죽 칼집에 꽂혀 있고 칼자루는 금빛입니다) 따위는 두 인물의 의도를 여실히 보여줍니다. 오른쪽 귀퉁이에서 아래로 늘어진 커튼마저 악명 높은 암스테르담 홍등가의 매음굴을 떠올리게 합니다.

청년 렘브란트가 자신을 탕자로 묘사한 감각적인 자화상을 찬찬히 뜯어볼수록 기가 막혔습니다. 그로부터 30년 뒤에 바로 그 화가가 감춰진 삶의 비밀을 꿰뚫어보는 눈으로 자기 초상을 그려냈다는 사실이 좀처럼 믿어지지 않았습니다.

하지만 렘브란트의 전기들은 하나같이 주인공을 자부심이 대단한 젊은이로 그리고 있습니다. 스스로 천재임을 잘 알고, 세상이 제시하는 모든 것들을 열렬히 탐구하며, 쾌락을 사랑하면서도 자신에게

〈사스키아와 함께 있는 자화상"〉, 1636, 유화

"서른 살 무렵, 렘브란트는 아내와 함께 있는 자신을 모델로 매음굴의 탕자를 그렸습니다. 그로부터 30년 뒤에 바로 그 화가가 감춰진 삶의 비밀을 꿰뚫어보는 눈으로 자기 초상을 그려냈다는 사실이 좀처럼 믿어지지 않았습니다."

그런 특질이 있다는 사실조차 의식하지 못했던 청년이었다는 겁니다. 렘브란트의 주요 관심사 가운데 하나가 돈이었다는 데는 의심의 여지가 없습니다. 많이 벌었지만 그만큼 손이 컸고 씀씀이가 헤펐습니다. 빚잔치를 하고 파산 과정을 밟는 길고도 지루한 소송을 벌이는 데 적잖은 에너지를 쏟아부었습니다.

20대 말부터 30대 초반에 나온 자화상들은 평판에 연연하며, 아첨에 굶주리고, 옷깃에 풀을 먹인 전통 복장 대신 금줄을 늘어뜨린다든지 이국적인 모자나 베레모, 헬멧, 터번 따위를 즐기는 등 사치스럽게 차려입기를 좋아하는 남성상을 보여줍니다. 물론 이처럼 공들인 차림새는 독특한 회화기법을 과시하고 적용하는 통상적인 방편이지만, 다른 한편으로는 후원자들의 비위를 맞추는 데 만족할 수 없었던 작가의 오만한 됨됨이를 보여주는 특징이기도 했습니다.

그러나 성공과 명성, 부를 누리던 시기는 금세 지나가고 곧바로 슬픔과 불행, 재난의 시절이 닥쳤습니다. 렘브란트가 평생 겪은 불행을 간추려보면 누구라도 입이 딱 벌어지고 말 겁니다. 탕자에 견주어도 결코 밀리지 않을 만한 고난의 연속이었습니다.

1635년, 아들 룸바르투스가 숨졌고 3년 뒤에는 장녀 코르넬리아가 세상을 떠났습니다. 1640년, 다시 둘째딸 코르넬리아를 잃었으며 1642년에는 진심으로 사랑하고 사모했던 사스키아까지 앞세웠습니

작은아들

〈밀짚 모자를 쓴 사스키아〉, 1633, 송아지 가죽에 은도금

—

렘브란트는 1635년에 아들을, 3년 뒤에는 장녀를, 그리고 1640년에는
다시 둘째딸을 먼저 떠나보내야 했다. 그리고 1642년에는 진심으로 사랑하고 사모했던
아내 사스키아도 보내야 했다. 렘브란트가 약혼을 기념해 그린 사스키아의 첫 초상화.

다. 렘브란트 곁에 남은 건 고작 생후 9개월 된 어린 아들 티투스뿐이었습니다. 아내가 눈을 감은 후에도 렘브란트의 삶에는 수많은 고난과 어려움이 끊이지 않았습니다.

티투스의 유모 헤이르체 디르흐와 불행한 관계를 유지하다가 소송을 벌이기에 이르렀으며, 상대방을 정신병원에 감금하는 것으로 종지부를 찍었습니다.

다음에는 헨드리키예 스토펠스라는 여성과 이전보다는 훨씬 안정된 교제를 시작했습니다. 두 사람은 남매를 두었는데, 아들은 1652년에 죽고 딸만 렘브란트 사후까지 생존했습니다.

그러는 동안 화가로서의 평판은 수직으로 추락했습니다. 몇몇 수집가와 비평가들은 여전히 그를 당대 최고의 작가로 꼽았지만 그 목소리는 들리지 않았습니다. 재정 문제는 날로 심각해져서 1656년에는 급기야 지급불능 선고를 받기에 이르렀습니다. 렘브란트는 모든 부동산과 재물을 처분해서 빚을 갚게 해달라고 당국에 요청했습니다. 어떻게든 파산을 피해보려는 몸부림이었습니다.

1657년과 1658년 사이에 열린 세 차례 경매를 통해 전 재산이 팔려나갔습니다. 본인과 다른 화가들의 작품, 장기간 수집해서 소장하고 있던 방대한 양의 공예품들, 암스테르담의 저택과 가구는 모두 남의 손으로 넘어갔습니다.

빛과 빛쟁이들한테서 완전히 자유로워진 건 아니었지만, 오십 줄에 들어서면서부터 렘브란트는 그럭저럭 평온을 되찾았습니다. 그 무렵에 나온 작품들에서 따듯한 느낌과 내면의 성찰이 감지되는 걸 보면 작가가 쓰라린 환멸에서 차츰 벗어나고 있음을 알 수 있습니다. 오히려 그 뼈아픈 경험들은 세상을 보는 눈을 투명하게 만들었습니다. 제이콥 로젠버그Jakob Rosenberg의 말마따나 "렘브란트는 더 이상 화려한 껍데기나 가식적인 표현에 현혹되지 않고 한결 예리해진 눈으로 인간과 자연을 꿰뚫어보기"[1] 시작했습니다.

1663년에 헨드리키예가 세상을 떠났고, 그 후로 5년 뒤에는 눈에 넣어도 아프지 않을 아들 티투스의 결혼과 죽음을 연달아 지켜보아야 했습니다. 그리고 이듬해, 가난하고 외로운 노년을 보내던 렘브란트 자신도 눈을 감았습니다. 유족이라곤 딸 코르넬리아와 며느리 마그달레나 반 로, 손녀 티티아뿐이었습니다.

아버지 앞에 무릎을 꿇고 그 품에 얼굴을 파묻은 탕자를 처음 대하는 순간, 한때는 두려울 것 없을 만큼 당당했으며 뭇사람들의 존경을 받았지만, 그토록 애써 끌어모은 온갖 영화가 모두 헛것이었음을 아프게 깨달은 한 예술가의 초상이 어쩔 수 없이 겹쳐 보였습니다. 청년 렘브란트가 홍등가에 앉은 그림에서 입었던 값진 의복은 간데없고, 속에 받쳐 입는 헐렁한 통옷 한 벌로 수척한 몸을 가린 채

하도 오래 신어서 너덜너덜 못 쓰게 된 샌들을 걸치고 있었던 것입니다.

　뉘우치는 아들로부터 측은해서 어쩔 줄 모르는 아버지에게로 시선을 돌려봅시다. 금목걸이, 옷, 모자, 촛불, 램프 등 화려한 빛은 사라지고 그 자리를 노인의 내면에서 나오는 광채가 대신하고 있는 걸 감지할 수 있습니다. 더욱 열심히 부귀영화를 좇도록 유혹하는 빛에서 인간의 영혼을 사로잡아 죽음을 초월하게 하는 빛으로 옮겨 간 겁니다.

THE YOUNGER SON
LEAVES

작은아들, 집을 나서다

렘브란트가 그린 그림의 정확한 이름은 이미 말한 대로 〈탕자의 귀향〉입니다. '돌아옴'은 '떠남'을 전제로 합니다. 돌아온다는 것은 가출했다가 귀가한다든지 멀리 떠났다가 복귀했다는 뜻입니다. 아버지는 작은아들을 반갑게 맞으며 한없이 기뻐하는 까닭을 "죽었다가 살아났고, 내가 잃었다가 되찾았으니"(눅 15:32, 새번역)라고 설명했습니다. 잃었던 아들을 되찾은 벅찬 기쁨의 이면에는 그 아이를 잃어버렸던 지난날의 슬픔이 깊게 배어 있습니다. 되찾는다는 말 뒤에는 잃어버린 경험이 숨어 있습니다. 되돌아온다는 표현 아래에는 떠남의 기억이 깔려 있습니다.

지독한 거부의 몸짓

사랑과 기쁨이 가득한 귀향 장면을 볼 때마다 먼저 그 이전에 벌어졌던 가슴 아픈 사건을 음미하게 됩니다. 집을 떠난다는 것이 무슨 말인지 그 깊은 뜻을 과감하게 파헤쳐보지 않고는 돌아옴의 의미를 정확하게 헤아릴 수 없습니다.

작은아들의 황갈색 홑옷은 아버지의 붉은 외투와 어우러져 제법 근사해보이지만, 사실 젊은이는 비참했던 지난 삶을 고스란히 드러내는 누더기를 걸치고 있습니다. 아버지의 따듯한 품속에 있을 때는 상처마저 아름다워 보이지만, 그건 상처를 보듬는 따듯한 손길에서 비롯된 아름다움일 따름입니다. 긍휼히 여기는 마음의 비밀을 속속들이 이해하려면 먼저 연민을 불러일으키는 대상의 실체를 정직하게 바라봐야 합니다.

돌이키고 되돌아오기 오래 전, 아들은 그 품을 떠났습니다. 아버지에게 뻔뻔스럽게 요구하면서 말입니다. "재산 가운데서 내게 돌아올 몫을 내게 주십시오." 그는 재물을 챙기기가 무섭게 남김없이 싸들고 집을 나가버렸습니다. 복음서 저자 누가가 지나치리만치 간략하게, 사실 중심으로 정리하는 바람에 후대의 독자들로서는 이 일이 얼마나 가혹하고, 무례하며, 당시 사람들이 으뜸으로 생각하던 도덕률을 정면으로 짓밟는 처사였는지 실감하기 어렵습니다.

누가복음에 기록된 비유를 예리하게 분석한 케네스 베일리Kenneth Bailey는 집을 나가는 작은아들의 태도는 마치 아버지가 어서 죽어주길 바라는 꼴이라고 말합니다.

지난 15년 동안 모로코에서 인도까지, 터키부터 수단에 이르기까지 각계각층의 인물들에게 아버지가 아직 정정하게 살아 있는 상태에서 유산을 요구하는 것이 어떤 의미를 갖는지 물어보았다. 대답은 입을 맞추기라도 한 것처럼 똑같았다. 대화는 언제나 이런 식으로 흘러갔다.
"동네에서 그런 소릴 들어본 적이 있습니까?"
"전혀 없습니다."
"그런 얘길 꺼낼 수는 있을까요?"
"말도 안 됩니다."
"누가 그런 요구를 했다면 어떻게 될까요?"
"당연히 아버지한테 두들겨 맞았겠지요."
"어째서죠?"
"아버지가 얼른 죽었으면 좋겠다는 뜻이니까요."[1]

베일리의 설명에 따르면, 작은아들은 유산 분할뿐만 아니라 자기 몫을 처분할 권리까지 요구했습니다. "소유권을 자식에게 넘겨준 뒤

〈유산을 물려받는 탕자〉, 연도 미상, 소묘

—

"돌이키고 되돌아오기 오래 전, 아들은 그 품을 떠났습니다. 아버지에게 뻔뻔스럽게 요구했습니다. '재산 가운데서 내게 돌아올 몫을 내게 주십시오.'"

에도 아버지는 생명이 다하는 날까지 그 수익에 의지해 살아갈 권리가 있었다. 그런데도 작은아들은 아버지에게서 받아낸 유산, 구체적으로 말하자면 부친이 세상을 떠나지 않는 한 권리를 행사할 수 없는 재산을 처분했다. 작은아들의 요구에는 '아버지가 돌아가실 때까지 기다릴 수 없다'라는 무언의 암시가 깔려 있다."[2]

그러므로 아들의 '가출'은 생각보다 훨씬 더 무례한 짓이었습니다. 태어나고 성장한 가정을 냉정하게 내동댕이치는 처사인 동시에, 자신이 속한 광범위한 공동체에서 정성껏 지키는 전통을 무시하고 뿌리친 행동입니다.

'먼 지방으로 가서'라는 표현은 그저 더 넓은 세상을 구경하고 싶어 하는 젊은이의 욕구를 가리키는 말이 아닙니다. 누가는 한 세대에서 다음 세대로 이어져 내려온 생활방식, 사고방식, 행동방식 등 신성한 유산에서 완전히 단절되었음을 지적하고 있습니다. 단순히 무례하다는 차원을 넘어, 그것은 가족과 공동체가 유지해온 소중한 가치에 대한 배신 행위였습니다. '먼 지방'은 집에서 거룩하게 여기던 것들이 모두 무시되는 세계를 의미합니다.

내게는 베일리의 해석이 대단히 중요합니다. 역사적인 맥락에서 이 비유를 정확하게 이해하도록 도울 뿐만 아니라 내 안에 숨어 있는 작은아들의 속성을 인식할 수 있게 해주기 때문입니다. 언뜻 내

인생 여정에는 그처럼 도전적인 반역의 자취가 없는 것처럼 보일지도 모릅니다. 선대로부터 물려받은 소중한 가치들을 대놓고 거부하는 건 내 스타일이 아닙니다.

하지만 갖가지 미묘한 방식을 동원해서 가까이 있는 집보다 '먼 나라'를 선택하려고 발버둥칠 때 보면, 작은아들의 흔적이 역력합니다. 여기서 이야기하는 건 물론 영적인 '가출' 문제입니다. 사랑하는 조국 네덜란드를 떠나서 일생의 대부분을 보냈다는 물리적인 현실과는 전혀 상관이 없습니다.

탕자의 비유는 죄인을 불쌍히 여기시는 하나님의 무한한 사랑을 복음서에 등장하는 그 어떤 이야기보다도 잘 보여줍니다. 그리고 그 거룩한 사랑의 빛에 나를 비추어보면 그동안 영적으로 걸어온 길이 스스로 생각했던 것 이상으로 '가출'에 가깝다는 사실이 아프도록 명확하게 드러납니다.

아들을 반갑게 맞는 아버지를 묘사한 렘브란트의 그림에는 외적인 움직임이 거의 없습니다. 1636년에 새긴 동판화(아버지는 자식에게 달려가고 아들은 온몸을 아버지의 발 앞에 던지는 등 동세가 두드러집니다. 92페이지 그림 참조)와 달리, 그로부터 30년 뒤에 그린 에르미타주 미술관 소장본은 대단히 정적입니다. 아들을 어루만지는 아버지의 손길은 영원한 축복을 의미합니다. 노인의 품에 안겨 누리는 아들의

〈길 떠나는 탕자〉, 1634, 소묘

"그는 재물을 챙기기가 무섭게 남김없이 싸들고 집을 나가버렸습니다. 누가가 지나치리만치 간략하게, 사실 중심으로 정리하는 바람에 후대의 독자들로서는 이 일이 얼마나 가혹하고, 무례하며, 당시 사람들이 으뜸으로 생각하던 도덕률을 정면으로 짓밟는 처사였는지 실감하기 어렵습니다."

쉼은 한없는 평안을 보여줍니다.

크리스티안 튐펠Christian Tümpel은 이렇게 말합니다. "정적인 구조 속에서 포용과 용서의 순간은 끝없이 지속된다. 아버지와 아들의 움직임은 쉬 사라지지 않고 영원히 지속되는 무언가를 시사한다."**3** 제이콥 로젠버그는 이런 관점을 자기 식으로 솜씨 있게 정리했습니다. "겉보기에는 아들과 아버지는 한 덩어리가 되어 아무런 움직임이 없는 듯하지만, 두 인물의 내면은 오히려 활발하게 요동치고 있다. … 탕자의 이야기는 세상 아버지의 인간적인 사랑을 말하지 않는다. … 비유를 통해 가르치고 전달하려는 참뜻은 죽음을 생명으로 바꿀 권세를 가진 거룩한 사랑과 자비에 있다."**4**

사랑의 음성을 듣지 못하는 귀머거리

집을 나간다는 것은, 시간과 장소에 제약을 받는 역사적 사건 이상의 의미가 있습니다. 인간 존재 자체가 낱낱이 하나님의 소유이며, 주님이 자녀들을 영원히 끌어안고 안전하게 지켜주시며, 그분의 두 손바닥에 새겨두셨으며, 그 그늘에 감춰주신다는 영적인 현실을 부정한다는 뜻입니다.

창조주가 "은밀한 곳에서 나를 지으셨고, 땅 속 깊은 곳 같은 저 모태에서 나를 조립하셨으니 내 뼈 하나하나도, 주님 앞에서는 숨길 수 없다"(시 139:15, 새번역)는 사실을 무시하는 처사입니다. 마치 집이 없어서 여기저기 떠돌며 머물 곳을 구하듯 살아간다는 말입니다.

집은 "사랑하는 아이야, 네게 은혜를 베풀어주마"라고 말씀하시는 음성을 들을 수 있는 내 존재의 중심입니다. 하나님은 첫 번째 아담에게도 똑같은 말씀을 주셨으며 두 번째 아담인 예수님에게도 그렇게 이야기하셨습니다. 거룩한 자녀들 모두에게 한결같은 음성을 들려주셨으며, 자유의 몸이 되게 하셔서 어두운 세상에서도 빛 가운데 머물게 하셨습니다. 나 역시 그 목소리를 들었습니다. 과거에도 말씀하셨고 지금도 멈추지 않으십니다.

영원으로부터 들려와 생명과 사랑을 주는 그 음성은 어떤 장애물로도 가로막을 수 없습니다. 목소리가 들리면 하나님과 더불어 집에 있으며 두려울 게 없다는 실감이 듭니다.

하나님의 사랑을 입은 자녀로서 "사망의 음침한 골짜기로 다닐지라도 해를 두려워하지"(시 23:4) 않을 수 있습니다. 하나님의 사랑을 입은 자녀로서 "앓는 사람을 고쳐주며, 죽은 사람을 살리며, 나병 환자를 깨끗하게 하며, 귀신을"(마 10:8, 새번역) 내쫓을 수 있습니다. 하나님의 사랑을 입은 자녀로서 거절당할까 걱정하거나 인정받는 데 연연하지 않고 과감하게 잘못을 지적하며, 위로하고, 훈계하고, 격려할 수 있습니다. 하나님의 사랑을 입은 자녀로서 앙갚음하려는 생각 없이 묵묵히 핍박을 견디며, 칭찬을 받아도 자신의 의로움을 입증하는 증거로 이용하지 않습니다.

하나님이 아끼시는 자녀로서 비록 온갖 고통을 당하고, 심지어 목숨을 잃는 한이 있더라도 주님이 주신 사랑은 죽음보다 강하다는 사실을 굳게 믿으며 의심하지 않습니다. 하나님의 사랑을 입은 자녀로서 삶과 죽음에 구애받지 않으며, 누군가를 위해 생명을 베풀고 죽는 길을 선택할 수도 있습니다.

예수님은 요단강과 다볼 산에서 직접 들으셨던 바로 그 음성이 내 귀에도 들릴 것이라고 분명히 말씀하셨습니다. 주님이 아버지의 집에 계신 것과 꼭 마찬가지로 나 역시 그렇다고 똑똑히 가르쳐주셨습니다.

그리스도가 제자들을 위해 하늘 아버지께 드렸던 기도를 들어보십시오. "내가 세상에 속하지 않은 것과 같이, 그들도 세상에 속하지 않았습니다. 진리로 그들을 거룩하게 하여주십시오. 아버지의 말씀은 진리입니다. 아버지께서 나를 세상에 보내신 것과 같이, 나도 그들을 세상으로 보냈습니다. 그리고 내가 그들을 위하여 나를 거룩하게 하는 것은, 그들도 진리로 거룩하게 하려는 것입니다"(요 17:16-19, 새번역).

본문 말씀은 내 진짜 거처, 진정한 주소지, 참다운 집이 어디인지 잘 보여줍니다. 믿음이란 집이 늘 거기에 있으며 앞으로도 그럴 것임을 철저하게 신뢰하는 행위를 말합니다. 영원토록 변치 않는 거룩한 축복을 실은 아버지의 뻣뻣한 두 손이 탕자의 어깨 위에 놓였습니다. "사랑하는 아이야, 네게 은혜를 베풀어주마."

하지만 나는 집을 나가고 또 나갔습니다. 은혜의 손길을 뿌리치고 사랑을 찾아 먼 곳으로 달아났습니다. 이는 내 삶의 비극이자 여태 살아오면서 만났던 수많은 이들의 비극이기도 합니다. 나는 어느덧 "사랑하는 아이야"라고 부르시는 목소리를 듣지 못하는 귀머거리가 되고 말았습니다. 단 한 곳, 그 이야기를 들을 수 있는 자리를 등졌으며 다른 곳에 가면 집에 없는 무언가를 찾을 수 있을지 모른다는 희망을 품고 여기저기를 필사적으로 헤매고 다녔습니다.

처음에는 천부당만부당한 이야기라고 생각했습니다. 듣고 싶은 이야기를 다 들을 수 있는 자리를 굳이 떠나야 할 까닭이 무엇일까요? 곱씹을수록 더 확실하게 알 수 있었습니다. 사랑이 넘치는 그 진실한 음성은 존재의 가장 깊숙한 곳에서 내게 말씀하시는 더할 나위 없이 부드럽고 온유한 목소리였습니다. 강요하거나 관심을 끌려는 거칠고 시끄러운 소리가 아니었습니다.

수없이 울부짖고 무수히 죽음을 겪어서 이제는 눈조차 침침해진 아버지의 음성이었습니다. 어루만져주시도록 자신을 내맡긴 이들만

이 들을 수 있는 소리였습니다. 하나님이 내미신 은혜의 손길을 느끼는 것과 "사랑하는 아이야"라고 부르시는 음성을 듣는 건 하나입니다. 본질적으로 같은 일이란 뜻입니다.

엘리야를 보면 잘 알 수 있습니다. 선지자는 하나님을 만나려고 산 위에 올라섰습니다. 먼저 회리바람이 불어닥쳤습니다. 하지만 하나님은 강한 바람 속에 계시지 않았습니다. 이윽고 지진이 일어났지만 주님은 거기도 계시지 않았습니다. 다음엔 불이 났지만 그 속에서도 하나님을 만날 수 없었습니다. 마침내 부드러운 무언가가 다가왔습니다. 어떤 이들은 산들바람이라고 부르고 또 다른 이들은 나지막한 목소리였다고도 말합니다.

아무튼 그 무언가를 감지하는 순간, 엘리야는 얼른 낯을 가렸습니다. 하나님이 거기 계심을 직감했기 때문입니다. 말할 수 없이 다정다감하신 하나님의 어루만져주시는 손길이 곧 그 음성이며 그 목소리가 바로 어루만져주시는 손길입니다.[5]

하지만 하나님의 음성만 들리는 건 아닙니다. 크고, 대단히 매력적이며, 이런저런 약속들을 남발하는 잡음이 사방에서 끼어듭니다. 잡소리들은 입을 모아 말합니다. "당장 나가서 네가 쓸모 있는 인간이라는 걸 보여줘!"

예수님도 똑같은 일을 겪으셨습니다. '사랑하는 아들'이란 음성이 채 사라지기도 전에 광야로 이끌려나가 다른 소리들을 들으셔야 했습니다. 하나같이 성공하고, 인기를 얻고, 권력을 잡아서 사랑받을 만한 존재임을 증명하라고 요구하는 음성들이었습니다. 현대인들에게도 전혀 낯설지 않은 이야기들입니다. 사시장철 귓가를 떠나지 않으며, 스스로 의로운 인간인지 회의하고 존재 가치를 의심하는 마음 속 깊이 파고드는 소리입니다.

잡소리들은 단단히 작심하고 힘든 일을 해내서 일정한 성과를 올리지 못하면 사랑받을 자격이 없다고 속삭입니다. 자신과 다른 이들로부터 사랑받기에 합당한 인간임을 입증하라고 요구합니다. 수단과 방법을 가리지 말고 인정을 받아야 한다고 계속 몰아칩니다.

그 목소리들은 사랑은 백 퍼센트 '공짜'라는 사실을 노골적으로 부정합니다. "사랑하는 아이야"라고 부르시는 목소리를 신뢰하는 마음이 약해질 때마다 나는 집을 뛰쳐나갔습니다. 그토록 사모하는 사랑을 얻게 해준다는 수만 가지 방법에 귀를 기울이고 열심히 따랐습니다.

청력이 생긴 순간부터 잡소리들이 들려왔습니다. 한 번 귓속에 들어온 소리는 좀처럼 사라지지 않았습니다. 아버지, 어머니, 친구, 스승, 동료들을 거쳐오기도 했지만, 주위에서 쉽게 접촉할 수 있는 매스 미디어를 통해 들어오는 경우가 가장 많았고 그건 지금도 마찬가지입니다.

잡소리들은 말합니다. "네가 괜찮은 녀석이란 걸 보여줘. 적어도 네 친구보다는 나은 인간이 돼야 하지 않겠어? 성적은 어때? 상위권에 들 수 있다는 확신을 가져! 분명히 말하지만, 네 힘으로 해낼 수 있어. 교우 관계는 어떻지? 꼭 그런 친구들과 사귀어야겠어? 여기 이 트로피들을 좀 봐. 네가 얼마나 훌륭한 선수인지 알 수 있잖아. 약한 꼴 보이지 마, 괜찮아질 거야! 노후 대책은 다 세워놓은 거야? 별 볼일 없다는 게 알려지는 순간, 관심을 거두는 게 인지상정이야. 쓸모없어지면, 그걸로 끝이라고."

'사랑하는 아이'라고 불러주시는 목소리에 귀를 기울이는 한, 이런 질문과 조언들은 전혀 해로울 것이 없어 보입니다. 부모, 친구, 스승, 더 나아가 미디어를 통해 메시지를 전달하는 이들조차도 대부분 각자의 이해에 충실한 법입니다. 무슨 경고와 충고를 하든지 속내가 있게 마련입니다. 결국 조언이라고 해봐야 한계가 명확한 인간이 무한하신 하나님의 사랑을 표현한 데 불과하다는 말입니다.

그러나 일단 무조건적인 사랑의 목소리를 잊어버리고 나면 얘기가 달라집니다. 그 자체로는 별 해가 없는 제안들이 삶을 지배해서 '먼 지방'으로 끌어내기 시작합니다. 그런 일이 벌어지는 시점을 짚어내기가 특별히 어려운 건 아닙니다. 분노, 원한, 질투, 앙갚음하고 싶은 욕구, 욕정, 탐욕, 적개심, 경쟁 의식 등은 집에서 벗어나고 있다는 명확한 증표입니다. 이런 일은 다반사로 일어납니다.

하루 동안 그때그때 마음속에 일어나는 변화를 자세히 관찰해보십시오. 이처럼 어두운 정서와 열정, 느낌에서 진정으로 자유로운 순간이 거의 없다는 기막힌 현실에 맞닥뜨리게 될 겁니다.

옛 함정으로 굴러떨어졌다 기어올라 오기를 한없이 되풀이하면서도 그런 사실조차 제대로 깨닫지 못했습니다. 남들이 내 마음을 아프게 하고, 거부하며, 무관심한 까닭을 몰라서 허둥댈 뿐이었습니다. 상황의 본질을 꿰뚫어보지 못한 채, 행복하게 사는 이들과 외로운 내 모습을 비교하면서 진심을 몰라주는 세상을 원망했습니다. 그러지 않으려고 신경을 쓰는데도 불구하고, 돈 많고 힘 있으며 아주 유명해지면 좋겠다는 헛꿈에 사로잡히곤 했습니다.

그런 정신적인 유희를 즐긴다는 것 자체가 스스로 '하나님이 은혜를 베풀어주시는 주님의 사랑스러운 자녀'임을 신뢰하는 내 믿음이 얼마나 허약한지 단적으로 보여주는 증거였습니다. 남들이 미워하고, 욕하고, 따돌리고, 무시하고, 구박하고, 죽일까봐 얼마나 겁이 나던지 끊임없이 자신을 방어할 전략을 세웠습니다. 사랑받아야 하고 그럴 자격이 있다는 사실을 확인하고 싶었던 겁니다. 그러다 보니 아버지의 집과는 점점 더 멀어지고 종내는 '먼 지방'에다 아예 둥지를 틀고 말았습니다.

확률 제로의 불모지에서 사랑을 찾는 어리석음

문제의 핵심은 누구에게 속했는가 하는 것입니다. "하나님인가, 아니면 세상인가?" 하루하루 지내는 모습을 보면 나는 하나님보다는 세상에 속한 인간처럼 보입니다. 누가 조금만 싫은 소리를 해도 화가 납니다. 별것 아닌 거절에도 깊이 상심합니다. 의미 없는 칭찬에 화색이 돕니다. 사소한 성공에 흥분합니다. 아주 작은 일들에 들뜨기도 하고 구덩이에 처박히기도 합니다. 망망대해에 떠 있는 조그만 나룻배와 같아서 물결이 일렁이는 대로 고스란히 흔들립니다.

균형을 유지하고 자칫 뒤집혀 침몰하지 않도록 조심하는 데 시간과 에너지를 깡그리 쏟아붓다 보니 삶 자체가 생존 경쟁처럼 돼버렸습니다. 하지만 그것은 나를 나 되게 하는 게 세상이라는 착각에서 비롯된 불안한 씨름에 지나지 않습니다.

세상을 향해 쉴 새 없이 "나 사랑해? 정말 사랑하는 거지?"라고 묻는 한, 그 목소리에 휘둘리고 거기에 묶일 수밖에 없습니다.

세상은 "… 한다면"으로 가득 차 있는 까닭입니다. "물론이지. 잘생기고 예쁘다면, 똑똑하다면, 돈이 많다면 사랑하지. 일류 대학교를 나왔다면, 좋은 직장에 다닌다면, 멋진 친구들과 사귄다면 사랑하고말고. 일을 잘 하고, 상품을 많이 팔고, 물건을 많이 사면 사랑하다뿐이겠어?" 세상의 사랑에는 수많은 "… 한다면"이 숨어 있습니다. 꼬리에 꼬리를 물고 이어지는 조건들을 일일이 다 채운다는 건 불가능한 일이므로 "… 한다면"들은 결국 올가미가 됩니다.

세상의 사랑은 항상 조건적이며, 그건 앞으로도 결코 달라지지 않습니다. 조건적인 사랑뿐인 세상에서 참다운 자아를 찾으려고 발버둥치는 헛수고를 포기하지 않는 한, '코가 꿴 채' 사는 신세를 면할 수 없습니다. 시도했다 실패하고 다시 시도하는 순환 고리를 무한정 따라갈 따름입니다. 그 쳇바퀴는 중독을 키웁니다. 세상이 주는 것들로는 마음속 깊이 간직한 갈망을 채울 수 없기 때문입니다.

현대 사회에 깊이 배어든 고독을 설명하는 데 '중독'만큼 적합한 단어가 또 있을까요? 일단 중독 증세가 시작되면 세상의 자아실현의 요소들에 집착하게 됩니다. 부와 권력을 쌓고, 지위와 명예를 얻고, 마음껏 먹고 마시며, 정욕과 사랑을 구별하지 않고 성적인 만족을 얻는 데 골몰하게 됩니다. 중독은 기대를 낳습니다. 하지만 중독은 인간의 가장 깊은 필요를 채우지 못하고 물거품처럼 사라질 헛된 바람일 따름입니다.

세상의 이런 속임수를 간파하지 못하면 '먼 지방'에 머물며 허망한 일을 좇는 중독자의 삶을 살게 됩니다. 자존감은 충족되지 않고 끝없이 이어지는 환멸에 부닥칩니다. 중독 증세는 나날이 심각해집니다. 현대인들은 아버지의 집을 멀리 떠나 방황하고 있습니다. 중독된 인생은 한마디로 '먼 지방'에서 사는 삶입니다. 구원을 갈구하는 부르짖음이 일어나는 지점이 바로 그곳입니다.

가망이 전혀 없는 곳에서 무조건적인 사랑을 구할 때마다 나는 번번이 탕자가 됩니다. 어째서 참 사랑이 가득한 집을 외면하고 엉뚱한 곳을 헤매겠다고 고집을 피우는 걸까요? '하나님의 자녀이며 하늘 아버지가 가장 사랑하는 아이'로 인정받는 자리를 버리고 한사코 밖으로만 떠도는 까닭이 무엇일까요? 하나님이 주신 선물들(건강, 지적·정서적 은사 같은)을 활용해 하나님의 영광을 널리 드러내는 대신 사람의 마음을 사로잡고, 인정과 칭찬을 받으며, 보상을 다투는 데 써먹고 있는 내 모습에 놀라고 또 놀랍니다.

그렇습니다. 아버지가 주신 선물들을 싸들고 '먼 지방'으로 가서 그 진정한 가치를 모르고 착취하기에 급급한 세상을 섬기는 데 죄다 쏟아부은 일이 한두 번이 아니었습니다. 이는 하나님의 사랑이 필요하지 않으며, 제힘으로 삶을 꾸려갈 수 있고, 눈곱만큼도 간섭받고 싶지 않음을 시위하는 것이나 다름없는 행동입니다. 그 저변에는 노골적인 반항, 아버지의 사랑에 대한 극단적인 거부, 그리고 "아버지가 얼른 죽었으면 좋겠어!"라는 무언의 저주가 깔려 있습니다.

탕자의 거부는 아담이 저지른 반역의 복사판입니다. 아담은 인간을 창조하고 생명을 이어가게 해주신 창조주의 사랑을 짓밟았습니다. 그 반역 탓에 나는 에덴동산에서 쫓겨나 생명나무에 다가갈 수 없게 됐습니다. '먼 지방'을 떠도는 처지가 된 겁니다.

렘브란트가 그린 〈탕자의 귀향〉 초상을 다시 한 번 바라봅니다. 빗나간 자식을 향한 연민의 몸짓을 훨씬 뛰어넘는 사건이 일어나고 있다는 사실을 이제는 알 것만 같습니다. 눈앞에서 펼쳐지는 대사건은 바로 반역의 종말이었습니다. 아담과 그 모든 후손들이 저지른 반역은 용서를 받았습니다. 아담이 태초에 받았던 영원한 생명의 축복은 회복되었습니다. 올려놓을 어깨가 없다손 치더라도 아버지는 두 손을 언제나 앞으로 내밀고 계십니다.

하나님은 팔을 거두거나, 축복을 도로 빼앗아가거나, '사랑하는 아이'로 여기는 마음을 거두는 법이 없습니다. 그렇다고 해서 아들을 억지로 집에 눌러앉히지도 않습니다. 하늘 아버지는 금쪽같은 자녀들에게 그분의 사랑을 강요하지 않습니다. 아들이 집을 나가면 아버지 또한 막심한 고통을 겪을 게 불 보듯 뻔하지만 선선히 떠나보냅니다.

무슨 수를 써서라도 붙들고 싶은 마음을 억누르고 선선히 떠나보내는 것, 그것이 바로 사랑입니다. 생명을 잃을 수도 있는 위험을 무릅쓰고 아들이 자기 삶을 찾아가도록 허락하는 것 또한 사랑입니다.

평생 궁금해하던 수수께끼가 이제 풀렸습니다. 내키는 대로 집을 나갈 수 있는 건 그만큼 큰 사랑을 받고 있기 때문입니다. 축복은 언제나 그 자리에 있었습니다. 나는 거기서 달아났습니다. 그리고 아직도 돌아가지 않고 있습니다. 그러나 하늘 아버지는 팔을 내민 채 기다리고 계십니다. 그러다가 언제라도 자식이 다시 돌아오면 반가이 맞아들이고 그 귓가에 "사랑하는 아이야, 네게 은혜를 베풀어주마"라고 속삭이십니다.

THE YOUNGER SON'S
RETURN

작은아들, 다시 집으로

아버지가 끌어안고 은혜를 베풀어준 그 젊은이는 한심한, 아주 형편없는 인간이었습니다. 그는 거드름을 피우며 한몫 단단히 돈을 챙겨 집을 떠났습니다. 아버지와 가족 공동체로부터 멀리 떠나 제멋대로 인생을 설계해볼 작정이었습니다. 하지만 결국은 빈손으로 돌아왔습니다. 돈도, 건강도, 체면도, 자존감도, 명예도 모조리 탕진한 꼬락서니로 말입니다.

렘브란트는 자신의 처지를 적나라하게 그려냈습니다. 머리는 박박 깎아버렸습니다. 자신을 사창가에서 흥청거리며 오만하고 반항적인 탕자로 묘사한 그림에서 보여주었던 그 굽이치는 머리칼은 온데간데없어졌습니다. 그 머리는 이름은 없어지고 번호만 남은 죄수의 것과 같습니다. 감옥이든, 군대든, 신고식 자리든, 집단 수용소든, 머리칼이 잘려나갔다는 건 개개인을 구별하는 특징 가운데 하나를 박탈당했다는 것을 의미합니다.

렘브란트가 탕자에게 입힌 옷을 보십시오. 속에 입는 통옷 한 벌이 여윈 몸뚱이를 간신히 감추고 있습니다. 아버지는 물론이고 곁에 서서 상봉 장면을 지켜보는 키 큰 남성도 신분과 위엄을 드러내는 붉은 외투를 입고 있습니다. 무릎을 꿇고 앉은 작은아들에게는 겉옷이 없습니다. 지치고 피곤해서 탈진 상태에 이른 육신을 너덜너덜한 황갈색 속옷으로 가렸을 따름입니다.

샌들 바닥만 봐도 탕자의 여정이 얼마나 길고 수치스러웠는지 단박에 알 수 있습니다. 닳아빠진 신발마저도 벗겨진 왼발에는 상처가 있습니다. 구멍 뚫린 샌들을 반만 꿰고 있는 오른발 역시 고통스럽고 비참한 현실을 웅변합니다. 이것이 칼 한 자루 말고는 모든 걸 탕진한 젊은이의 초상입니다. 남아 있는 품위의 상징이라고는 달랑 엉덩이에 매달린 단검이 전부입니다. 신분을 나타내는 일종의 배지인 셈입니다.

비록 삶의 밑바닥을 헤매면서도 탕자는 '아버지의 아들'이라는 신분만큼은 한사코 놓치지 않았습니다. 그렇지 않았더라면 부자 관계를 증명해주는 그 소중한 칼마저 팔아치웠을 겁니다. 작은아들의 단

작은아들

검은 비록 거지꼴을 하고 부랑자 신세가 되어 돌아왔을망정 여전히 아버지의 아들이라는 걸 잊지 않았음을 보여줍니다. 결국 '아들'이라는 신분을 한시도 잊지 않고 소중하게 간직했던 탕자의 마음가짐이 고향을 향해 발길을 돌리도록 이끌었던 겁니다.

우리는 지금 낯선 세상에 깊숙이 들어갔다가 챙겨간 재산을 모두 잃어버린 젊은이를 바로 눈앞에서 보고 있습니다. 공허감과 수치심, 패배감이 눈에 들어옵니다. 아버지가 그토록 애지중지하던 아들은 이제 아버지의 하인 신세만도 못합니다. 종의 신세나 다름없게 된 겁니다.

철저한 소외, 그 깊은 외로움

'먼 지방'에서 아들에게는 무슨 일이 있었던 걸까요? 가출이 빚어낸 물질적이고 신체적인 결과들은 모두 제쳐두고라도 내면적으로는 어떤 결론이 난 걸까요? 가출의 결말이 어찌될지는 애당초 불 보듯 뻔했습니다. 하나님이 계신 곳에서 멀리 달아날수록 "사랑하는 아이야"라고 부르시는 음성을 듣기는 더 어려워지고, 음성을 듣기 힘들어질수록 세상의 교묘한 술수나 파워 게임에 말려들기 쉽습니다.

상황은 항상 똑같은 패턴으로 전개됩니다. 안전한 집에 있다는 확신이 옅어지면 상대적으로 형편이 좋아 보이는 이들에게 눈을 돌리게 됩니다. 그리고 어떻게 하면 그 자리에 도달할 수 있을지 알고 싶어 합니다. 호감을 얻고, 성공하고, 인정받기 위해 안간힘을 씁니다. 실패하면 이미 그런 위치에 오른 이들을 질투하거나 원망합니다. 요행히 성공하면 이번에는 남들이 샘내거나 해코지할까봐 전전긍긍합니다. 의심이 많아지고, 방어적이 되며, 간절히 소망하는 걸 얻지 못하거나 이미 가진 걸 다 놓치게 될까 노심초사합니다.

필요와 욕구가 뒤엉킨 수렁에 빠져 자신이 진정으로 원하는 것이 무엇인지조차 분간하지 못합니다. 주위 환경에 홀린 것만 같은 느낌이 들고 남들이 하는 말과 행동이 전부 의심스럽습니다. 항상 촉각을 곤두세우고 경계하며 내면의 자유를 잃어버린 채, 세계를 내 편과 적으로 갈라놓습니다. 과연 누가 진정으로 염려해줄까 회의하며 그런 불신을 합리화할 구실을 찾기 시작합니다.

그러다 비슷한 것이 눈에 띄면 내뱉습니다. "그것 봐, 세상에 믿을 놈 하나 없잖아." 그러곤 돌아서자마자 혹시 진심으로 사랑해줄 이가 없는지 두리번거립니다. 주위 세계가 차츰 어두워집니다. 마음은 점점 가라앉습니다. 온몸 가득 슬픔이 번져나갑니다. 삶은 의미를 잃습니다. 마침내 길을 잃고 방황하는 영혼이 됩니다.

주변에 있는 이들 가운데 누구도 눈길을 주지 않자, 작은아들은 비로소 자신이 얼마나 많은 것을 잃어버렸는지 확연히 깨달았습니

작은아들

다. 다들 탕자를 떠받들었지만 그건 저마다의 속셈을 채울 수 있을 때까지만이었습니다. 빈털터리가 되고 나눠줄 선물보따리가 떨어지자, 사람들은 곧바로 그를 쓸모없는 존재로 여겼습니다.

나로서는 철저하게 이방인이 된다는 것, 다시 말해서 단 한 사람도 알은 척 해주지 않는 존재가 된다는 게 어떤 건지 상상도 할 수 없습니다. 무언가를 공유하고 있다는 의식이 완전히 사라지는 순간, 진짜 외로움이 밀려드는 법입니다. 돼지들한테 던져주는 먹이나마 흔쾌히 내어주는 이가 없는 지경에 이르자, 작은아들은 인간 취급조차 받지 못하는 현실을 뼛속 깊이 통감했습니다.

주변 사람들에게 받아들여진다는 건 대단히 중요한 일이지만 그 가치를 제대로 파악하지 못하는 경우가 많습니다. 배경과 개인사, 비전, 신앙, 교육, 관계, 생활방식, 관습, 나이, 직업 등에서 공통점을 찾으면 그것을 토대로 서로를 쉽게 용납할 수 있습니다.

나만 하더라도 새로운 얼굴을 만날 때마다 공유하고 있는 점이 없는지 살펴봅니다. 그건 지극히 정상적이고 자연스러운 반응입니다. 이편에서 "저는 네덜란드 출신입니다"라고 말하면 상대방은 보통 "아, 저도 거기 가봤어요"라든지 "그곳에 사는 친구가 있어요" 또는 "풍차와 튤립, 나막신이 유명한 나라죠?"라고 말하곤 합니다.

반응이야 어찌됐든, 언제나 공통적인 연결고리를 찾으려고 서로

〈돼지치기가 된 탕자〉, 1645-48, 소묘

—

"지금 낯선 세상에 깊숙이 들어갔다가 챙겨 간 재산을 모두 잃어버린 젊은이를 바로 눈앞에서 보고 있습니다. 공허감과 수치심, 패배감이 눈에 들어옵니다. 아버지가 그토록 애지중지하던 아들은 이제 아버지의 하인 신세만도 못합니다."

탐색하는 걸 볼 수 있습니다. 공통점이 적을수록 하나가 되기 힘들고 더 소원한 느낌을 갖게 됩니다. 다른 이들의 언어나 관습을 모르면, 생활방식이나 신앙, 종교 의식, 예술을 이해하지 못하면, 음식이나 식사 예절을 알지 못하면 한데 어울리지 못하고 겉도는 느낌이 짙어질 수밖에 없습니다.

주위 사람들에게서 더 이상 사람 취급을 받지 못하게 되면서 작은아들은 심원한 고립감, 다시 말해서 인간이 경험할 수 있는 가장 깊은 외로움을 느꼈습니다. 더 잃어버릴 것도 없을 만큼 빈손이 됐습니다. 그리고 바로 그 총체적인 탈선 덕분에 탕자는 정신을 차렸습니다. 작은아들은 철저하게 내쳐졌다는 사실에 충격을 받았습니다.

순간, 죽음의 길을 걸어온 자신의 진면목이 한눈에 들어왔습니다. 생명을 주는 요소들(가족, 친구, 공동체, 알고 지내는 이들, 하다못해 음식까지)로부터 철저히 단절돼서 남은 일이라고는 죽음밖에 없음을 깨달았습니다. 스스로 선택한 길과 그 종착역이 선명하게 보였습니다. 죽음의 길을 선택했다는 데에는 의문의 여지가 없었습니다. 가던 길로 한 걸음만 더 내디디면 자멸이었습니다.

이처럼 결정적인 순간, 생명을 건지기 위해 탕자가 선택할 수 있는 대안은 무엇일까요? 가장 원초적인 자신을 되찾는 것만이 유일한 방안입니다.

다시 찾은 아들의 자리

잃어버린 게 무엇이든, 돈이든, 친구든, 명예든, 자존감이든, 내면의 기쁨과 평안이든(어느 하나든 그 전부든) 상관없이 아버지의 자식이라는 사실은 변함이 없습니다. 탕자는 중얼거렸습니다. "내 아버지의 그 많은 품꾼들에게는 먹을 것이 남아도는데, 나는 여기에서 굶어 죽는구나. 내가 일어나, 아버지에게 돌아가서, '아버지, 내가 하늘과 아버지 앞에 죄를 지었습니다. 나는 더 이상 아버지의 아들이라고 불릴 자격이 없으니, 나를 품꾼으로 삼아주십시오'라고 말씀드려야겠다." 속으로 그 말을 곱씹으며 탕자는 발길을 되돌려 '먼 지방'을 떠나 집으로 향했습니다.

작은아들이 고향으로 돌아온 사건의 의미는 "나는 더 이상 아버지의 아들이라고 불릴 자격이 없으니"라는 표현에 모두 함축되어 있습니다. 감히 자식이란 말을 입에 올릴 자격도 없었지만, 다른 한편으로 생각하면 잃어버릴 자격이 있었다는 건 미우나 고우나 아들임에는 틀림없다는 뜻이기도 했습니다.

탕자의 귀향은 비록 자격을 모두 잃어버렸음에도 불구하고 자식의 자리를 되찾는 바로 그 시점에 시작됩니다. 사실 작은아들을 천하고 천한 신분으로 끌어내린 건 모든 걸 다 잃어버린 상실이었습니다. 아들로서는 더 내려갈 데가 없는 밑바닥까지 떨어졌습니다.

〈탕자의 귀향〉, 1636, 동판화

—

"탕자의 귀향은 비록 자격을 모두 잃어버렸음에도 불구하고
자식의 자리를 되찾는 바로 그 시점에 시작됩니다."

돌이켜보면, 탕자는 전 재산을 잃고 나서야 비로소 인간 존재의 근원으로 되돌아갈 수 있었습니다. 돼지처럼 대접해주길 바라는 자신을 자각했을 때 비로소 스스로 돼지가 아니라 인간, 그것도 아버지의 아들임을 깨달았습니다.

그런 의식은 죽음이 아니라 삶의 길을 선택하는 근거가 됐습니다. 자식이라는 지위를 다시 실감하게 되면서 탕자는 "사랑하는 아이야"라고 부르시는 아버지의 음성을 희미하게나마 들을 수 있었습니다. 멀리서나마 그 은혜로운 손길을 느낄 수 있었습니다. 아버지가 여전히 사랑해주신다는 사실을 느끼고 확신한 뒤부터는 잘한 것 하나 없어도 아들이라고 떳떳이 말할 힘이 생겼습니다.

몇 년 전, 나 역시 돌아설 것인지 계속 갈 것인지 선택해야 하는 갈림길에 섰습니다. 날이 갈수록 깊어지고 생활에 활력을 불어넣어줄 것만 같던 교우 관계가 언제부터인가 집에서 멀어지게 만드는 요인으로 작용하더니 종내는 삶을 완전히 옭아매기에 이르렀습니다. 영적인 의미에서 보자면, 하늘 아버지가 우정을 지키도록 허락해주신 재산을 남김없이 탕진한 셈입니다. 기도하기가 어려워졌습니다. 사역에 흥미를 잃었습니다. 다른 이들이 고민하는 일들에 관심을 갖는다는 게 점점 더 고역스러웠습니다.

생각과 행동이 모두 죽음의 길로 질주하고 있다는 심증이 짙어질수록 사랑에 굶주린 마음을 달래기 위해 온갖 기만적인 방법을 동원해서 자신의 가치를 입증하려 들었습니다.

그러다가 마침내 친구 관계가 완전히 깨지자 결단을 더 이상 미룰 수가 없게 됐습니다. 계속해서 파멸의 길로 내닫든지, 아니면 그토록 찾아 헤매던 사랑이 실제로 존재한다는 걸 믿고 집으로 돌아가든지 선택해야 했습니다. 그때 작지만 분명한 목소리가 들려왔습니다. 누구도 내가 갈망하는 사랑을 채워줄 수 없으며 어떤 우정도, 친밀한 관계도, 공동체도 마음속 가장 깊은 곳의 필요를 만족시킬 수 없다고 알려주었습니다. 부드러우면서도 단호한 어조로 지난날 아버지의 집에서 받은 소명과 처음에 보였던 헌신, 허다한 선물들에 관해 이야기했습니다. 그 음성은 나를 '아들'이라고 불렀습니다.

오갈 데 없는 신세가 됐다는 자괴감이 너무 통렬해서 그 목소리가 쉬 믿어지지 않았습니다. 거의 불가능한 얘기였습니다. 그처럼 절망하는 모습을 지켜본 가까운 친구들은 쓸데없이 괴로워하지 말고 집에서 한없이 기다려주시는 분이 계신다는 사실을 신뢰하라고 설득했습니다. 마침내 방황 대신 봉쇄를 선택하기로 하고 세상과 떨어져 지낼 수 있는 곳으로 들어갔습니다. 거기서 홀로 머물며 천천히, 그리고 머뭇거리며 집으로 돌아가기 시작했습니다. 고향이 가까울수록 "사랑하는 아이야, 네게 은혜를 베풀어주마"라고 말씀하시는 소리가 점점 더 분명하게 들렸습니다.

고통스럽지만 한편으로는 소망이 넘치는 그 경험을 통해 올바른 선택을 하기 위한 씨름의 핵심에 도달할 수 있었습니다. 하나님은 말씀하십니다. "내가 생명과 사망과 복과 저주를 네 앞에 두었은즉 너와 네 자손이 살기 위하여 생명을 택하고 네 하나님 여호와를 사랑하고 그의 말씀을 청종하며 또 그를 의지하라"(신 30:19-20). 그렇습니다. 선택은 사느냐 죽느냐 하는 문제입니다. 삶을 구속하는 세상의 배설물을 고스란히 받아들일 것인지, 아니면 하나님의 자녀로서 자유를 누릴 것인지, 이제는 선택해야 합니다.

유다는 예수님을 배신했습니다. 베드로는 주님을 부인했습니다. 둘 다 길을 잃었습니다. 자신이 하나님의 자녀라는 사실을 놓쳐버린 유다는 목을 맸습니다. 탕자의 경우에 빗대어 설명하자면 아들의 지위를 상징하는 칼을 팔아버린 겁니다. 반면에 베드로는 절망의 수렁에 빠져 허우적거리면서도 스스로 아들이란 생각을 포기하지 않았고 눈물을 줄줄 흘리며 돌이켰습니다. 유다는 죽음을, 베드로는 생명을 선택했습니다.

똑같은 갈림길이 내 앞에도 늘 존재합니다. 탈선의 시궁창에서 뒹굴며 본래 가졌던 의로움, 하나님이 주신 인간성, 기본적인 행복 등과 연결된 끈을 모두 끊어버리고 죽음의 권세에 나를 맡기려는 유혹에 끊임없이 시달립니다. '난 쓸모없는 인간이야. 무능하기 짝이 없다고. 보잘것없는 존재지. 이런 날 누가 사랑하겠어. 가치가 없어'라는 생각이 들 때마다 그런 충동이 울컥울컥 일어나고 또 일어납니다.

스스로 살 가치가 없고, 그저 짐이 될 뿐이고, 골칫덩어리고, 갈등의 근원이고, 누군가의 시간과 에너지를 빨아먹으며 삶을 유지하는 인간임을 자신과 남들한테 입증하기란 어려운 일이 아닙니다. 그럴 만한 사건과 상황은 사방에 널려 있기 때문입니다. 마음속으로 자신을 그렇게 단정 지으며 칠흑 같은 어둠을 품고 사는 이들이 허다합니다. 탕자와 달리 이들은 흑암에 철저하게 찌들어서 돌이켜 집으로 돌아서는 데 필요한 빛조차도 남아 있지 않습니다. 몸은 살았을지 모르지만 영혼은 더 이상 숨을 쉬지 않습니다. 본래 선한 모습을 지니고 있었다는 믿음을 저버립니다. 자연히 인간에게 그런 됨됨이를 허락하신 하늘 아버지에 대한 믿음도 포기합니다.

하지만 거룩한 형상에 따라 남자와 여자를 지으시고 하나님은 지극히 만족하셨습니다. "지으신 그 모든 것을 보시니 보시기에 심히 좋았더라"(창 1:31). 어둠의 목소리가 뭐라고 하든, 이 사실만큼은 어느 누구도 바꿔놓을 수가 없습니다.

그럼에도 불구하고 아들의 지위를 당당하게 내세우기란 쉬운 일이 아닙니다. 주변 세계에서 들려오는 어둠의 소리들은 자기 말을 들으라고 어르고 달래기를 무한 반복합니다. 나는 천하에 쓸모없는 인간이므로 '성공의 사다리'를 한 칸씩 쉬지 않고 올라 의로워지지 않은 한, 가치를 인정받을 수 없다는 겁니다. "사랑하는 아들아"라고 부르시는 음성은 성공이나 갈채와 상관없이 사랑해주신다는 사실을 일깨워주지만, 어둠의 소리들은 그 메시지를 순식간에 망각하게 만듭니다. 나를 향해 '내 기뻐하는 자'라고 말씀하시며 마음에 빛을 주시는 온유하고 부드러운 음성을 지워버립니다. 나를 존재의 주변으로 밀어내고 사랑의 하나님이 그 중심에서 기다리고 계신다는 점을 의심하도록 유도합니다.

하지만 '먼 지방'에서 떠나는 건 시작에 불과합니다. 고향으로 돌아가는 길은 멀고도 험합니다. 아버지께 돌아가면서 무얼 해야 할까요? 탕자의 행동은 대단히 명쾌해 보입니다. 작은아들은 시나리오를 준비했습니다. 아들의 지위를 가지고 있음을 기억해내고 발길을 돌리면서 하는 말을 들어보십시오. "내가 일어나, 아버지에게 돌아가서, '아버지, 내가 하늘과 아버지 앞에 죄를 지었습니다. 나는 더 이상 아버지의 아들이라고 불릴 자격이 없으니, 나를 품꾼으로 삼아주십시오'라고 말씀드려야겠다."

본문을 읽어나갈수록 나의 내면생활에도 이런 식의 대화가 넘쳐난다는 사실을 절감합니다. 사실 나는 머릿속에서 줄곧 가상의 만남을 이어갑니다. 자신을 설명하고, 자랑하거나 사과하고, 비난하거나 변명하고, 칭찬을 자아내거나 동정심을 자극하기도 합니다. 예상되는 질문에 적절한 답변을 준비해가며 보이지 않는 상대들과 쉴 새 없이 긴 대화를 나누는 꼴입니다.

이런 내면의 되새김질과 웅얼거림에 투자하는 정서적인 에너지가 얼마나 엄청난지 깜짝 놀랄 정도입니다. 그렇습니다. 나는 '먼 지방'을 뒤로하고 길을 떠나는 중입니다. 맞습니다. 집으로 돌아가고 있는 겁니다. 하지만 결코 입 밖에 내지 않을 이야기를 그토록 정성스럽게 준비하는 까닭은 무엇일까요?

이유는 간단합니다. 하나님의 자녀라는 진정한 정체성을 찾기는 했지만, 아직도 주님이 설명을 요구하시는 것처럼 살고 있기 때문입니다. 여전히 거룩한 사랑을 조건적인 애정으로 생각하고 집을 미심쩍은 장소쯤으로 여깁니다. 고향을 향해 걸어가면서도 집에 도착했을 때 정말 환영을 받을 수 있을지 의심스러워합니다. 나의 영적인 여정, 다시 말해서 집으로 가는 멀고도 고단한 나그넷길을 살펴보면 과거에 대한 죄책감과 미래에 관한 걱정이 가득합니다.

무수한 실수를 저질렀으며 아들 자격이 없다는 것을 잘 알지만 "죄가 많은 곳에, 은혜가 더욱 넘치게"(롬 5:20, 새번역) 되었다는 사실을 전폭적으로 신뢰하지 못합니다. 아직도 스스로 무가치한 존재라는 생각이 남아 있어서 아들보다 훨씬 아래쪽에다 자기 자리를 잡습니다. 총체적이고 절대적인 용서를 쉽사리 믿지 못합니다. 용서란 한마디로 '복수를 포기하고 얼마쯤 자비를 베풀려는 상대편의 의지'를 가리킨다는 인생 경험을 더 신뢰합니다.

집으로 돌아가는 멀고 먼 길

집으로 돌아가는 탕자의 길은 불확실성으로 가득 차 있습니다. 올바른 방향으로 가고 있기는 하지만 얼마나 혼란스러운지 모릅니다. 제 힘으로는 사면초가에 부닥친 상황을 돌파할 수 없음을 인정하고 낯선 땅에서 부랑자로 지내느니 아버지의 집으로 돌아가서 종 대접을 받는 게 낫겠다고 고백하면서도 여전히 그 사랑을 의심하는 마음을 거두지 못합니다.

한편으로는 아버지의 자식이라는 생각을 하면서도 다른 한편으로는 '아들'이라는 소리를 들을 자격이 없으니 '일꾼' 신분으로라도 목숨을 연명해야겠다고 다짐합니다. 뉘우치는 마음이 있지만 용서하시는 하나님의 한없는 사랑에 기대는 회개는 아닙니다. 어떻게든 살아남을 방도를 찾으려는 자기 중심적인 고백에 불과합니다.

나는 그것이 어떤 마음가짐과 정신 상태인지 잘 압니다. 쉽게 설명하자면, "맞아, 내 힘으로는 안 되지. 하나님만이 내게 남아 있는 유일한 대안이야. 주님한테 가서 용서를 구해야겠어. 가능한 한 가벼운 처벌만 받고 끝났으면 좋겠다. 살려만 주시면 무슨 힘든 일을 시키더라도 꿋꿋이 참고 견뎌야지"라고 중얼거리는 식입니다.

여기서 하나님은 아직도 엄하게 벌을 내리는 신입니다. 죄책감을 느끼고, 걱정스러워하고, 자기 중심적인 사과를 하게 만드는 분입니다. 그런 하나님이라면 그 뜻에 순종한다 해도 참다운 내면의 자유를 누릴 수 없으며 쓰라린 상처와 회한만 남을 뿐입니다.

영적인 삶에서 맞닥뜨리는 가장 큰 도전은 하나님의 용서를 받는 일입니다. 인간에게는 죄에 집착하게 만드는 무언가가 내재되어 있어서 과거를 청산하고 완전히 새로운 인생을 시작하게 하시는 하나님의 손길을 가로막습니다. 심지어 어두움이 너무 압도적인 탓에 싸워 이길 수 없다고 미리 굴복하는 마음이 고개를 쳐들기도 합니다. 정작 하나님은 나를 회복시켜서 아들의 지위를 온전히 회복시켜주고 싶어 하시는데, 도리어 이편에서 계속 종으로 살겠다고 고집을 부립니다.

정말 아들의 책무를 100퍼센트 되찾으려는 의지가 있는 걸까요? 완전히 용서받고 전혀 새로운 생활방식으로 살아가기를 바라는 걸까요? 자신을 신뢰하며 또한 그처럼 극적인 변화가 가능하다는 것을 믿는 걸까요? 하나님께 저항하는 뿌리 깊은 반역 행위를 과감히 정리하고 거룩한 사랑 앞에 자아를 완전히 굴복시켜서 새로운 인간으로 거듭나기를 진심으로 소원하는 걸까요?

용서를 받으려면 하나님이 명실상부한 나의 주님이 되셔서 치유하고, 회복시키며, 새롭게 하시는 역사를 일으켜주시도록 기꺼이, 그리고 전폭적으로 자신을 내어드려야 합니다. 일부만 비워드리려 한다면 결국 종으로 사는 삶을 부분적으로 해결하는 수준에 그치고 말 것입니다. 대가를 받는 일꾼은 거리감을 느끼며, 반항하고, 거부하며, 충돌하고, 도망치며, 품삯 타령을 할 수밖에 없습니다. 그러나 사랑받는 자식은 다릅니다. 아들의 지위를 한껏 내세우며 스스로 아버지가 될 준비를 시작할 겁니다.

돌이키는 순간부터 집에 도착할 때까지는 지혜롭게, 그리고 스스로 훈련해가며 여행해야 합니다. 여기에는 재론의 여지가 없습니다. 훈련이란 하나님의 자녀가 되어가는 과정을 말합니다.

하나님께로 가는 길은 새로 어린아이가 되는 길과 다르지 않다고 예수님은 분명하게 말씀하셨습니다. "너희가 돌이켜 어린아이들과 같이 되지 아니하면 결단코 천국에 들어가지 못하리라"(마 18:3). 주님은 애들처럼 유치한 상태에 머물라는 게 아니라 어린아이같이 되라고 요구하십니다. 요컨대, 두 번째 순전한 삶을 추구하며 살라고 하십니다. 막 태어난 갓난아이의 천진함이 아니라 의식적인 선택을 통해 얻는 순수함을 좇으라는 뜻입니다.

　이처럼 두 번째 순전함에 이른 이들을 어떻게 설명할 수 있을까요? 예수님은 산상수훈으로 대단히 명쾌하게 정리해주십니다. '사랑하는 아들'이라는 음성을 들은 데 이어 그만한 가치가 있는지 세상에 증명해보라는 사탄의 시험까지 물리친 뒤에, 그리스도는 공생애를 시작하셨습니다. 주님은 먼저 뒤를 따르며 사역을 나눌 제자들을 부르셨습니다. 그리고 산으로 올라가셔서 제자들을 다 불러모으고 말씀하셨습니다. "심령이 가난한 자, 온유한 자, 애통하는 자, 의에 주리고 목마른 자, 긍휼히 여기는 자, 마음이 청결한 자, 화평하게 하는 자, 의를 위하여 박해를 받은 자는 복이 있다."

　이 말씀은 거룩한 자녀들의 초상을 보여줍니다. 하늘 아버지가 사랑하시는 아들, 예수님의 자화상이기도 합니다. 또 장차 내가 되어야 할 밑그림이기도 합니다. 산상수훈은 고향, 곧 아버지의 집으로 되돌아가는 가장 단순한 경로를 제시합니다. 그 길을 따라가노라면 위로를 받고, 사랑을 입으며, 그 어느 때보다도 뚜렷한 눈으로 주님을 바라보는 등 두 번째 유년기의 기쁨을 만끽할 수 있을 것입니다. 그리고 마침내 집에 도착해 아버지의 따듯한 품에 안기는 순간, 하늘나라의 소유권을 갖게 될 뿐만 아니라 이 땅 역시 유산으로 물려받았음을 실감하게 됩니다. 어떠한 속박이나 강요 없이 자유롭게 살

수 있는 공간이 생긴 겁니다.

　어린아이가 된다는 건 산상수훈을 삶으로 살아내서 하나님나라로 통하는 좁은 문을 찾아낸다는 뜻입니다. 렘브란트는 그 사실을 알고 있었을까요? 탕자의 비유가 이 그림의 진면목을 발견하도록 이끌었는지, 아니면 거장의 작품이 예수님의 비유에 담긴 새로운 의미를 깨닫게 해주었는지 나로서는 정확히 알 수 없습니다. 다만, 집으로 돌아온 젊은이의 머리를 보면서 작가가 두 번째 유년기의 모습을 표현하고 있는 것은 아닌지 짐작할 따름입니다.

　언젠가 렘브란트의 그림을 보여주고 느낀 점을 함께 나눈 적이 있습니다. 지금도 그 장면이 생생하게 기억납니다. 젊은 친구(똑똑하게 생긴 아가씨였습니다)가 벌떡 일어나더니 〈탕자의 귀향〉을 복제한 커다란 포스터 앞으로 걸어갔습니다. 그러더니 작은아들의 머리에 손을 올려놓으며 말했습니다. "이건 자궁에서 막 나온 갓난아이의 머리예요. 보세요. 아직 젖어 있어요. 얼굴에도 여전히 태아의 느낌이 남아 있잖아요." 젊은이의 얘기를 듣고 거기 있던 이들이 모두 고개를 끄덕였습니다. 렘브란트는 정말로 집으로 되짚어왔을 뿐만 아니라 아버지이자 어머니이신 하나님의 자궁으로 돌아온 탕자의 모습을 그린 걸까요?

　그때까지는 작은아들의 삭발한 머리를 보면서 감옥에 갇힌 죄수나 집단수용소에서 생활하는 이들을 떠올리곤 했습니다. 수척한 얼굴을 대할 때는 학대받는 인질의 표정을 연상했습니다. 렘브란트가 의도한 메시지는 그것이 전부일 거라고 생각했습니다. 하지만 그 모임 이후로 그림을 볼 때마다 모태로 되돌아가고 있는 갓난이의 모습을 지울 수가 없었습니다. 아울러 그런 시각은 집으로 돌아가는 길을 더 분명하게 이해하는 데 큰 도움이 되었습니다.

어린아이야말로 가난하고, 온유하며, 마음이 청결합니다. 갓난이는 사소한 고통에도 반응하며 울음을 터트립니다. 항상 의에 주리고 목말라 하는 '화평하게 하는 자'인 동시에 핍박의 궁극적인 희생자입니다. 육신을 입고 오신 하나님인 예수님 역시 마리아의 자궁에 아홉 달 동안 머무셨으며, 세상에 태어난 후에는 갓난아이로서 가까이는 목자들로부터 멀리는 동방박사에 이르기까지 수많은 이들의 경배를 받으셨습니다. 주님의 자녀들이 다시 아기가 되어 아버지의 나라에 들어갈 수 있는 길을 열어놓으신 겁니다. 예수님은 니고데모에게 말씀하셨습니다. "진실로 진실로 네게 이르노니 사람이 거듭나지 아니하면 하나님의 나라를 볼 수 없느니라"(요 3:3).

누가 진정한 탕자인가?

나는 지금 예수님이 인류를 위해 스스로 탕자가 되신 신비로운 사건을 이야기하고 있습니다. 주님은 하늘 아버지의 집을 떠나 지구라는 '먼 지방'에 오셨으며, 가진 걸 모두 내어주신 뒤에 십자가를 통해 고향으로 돌아가셨습니다. 아버지를 거역하는 자식이 아니라 순종하는 아들로서 예수님이 행하신 모든 일에는 하나님의 잃어버린 자녀들을 남김없이 도로 집으로 데려가시려는 뜻이 담겨 있습니다.

예수님은 죄인들과 어울린다고 비난하는 이들에게 이 이야기를 들려주셨습니다. 그리고 말씀하신 그대로 멀고도 고통스러운 삶의 여정을 따라가셨습니다.

탕자의 비유와 렘브란트의 그림을 살펴보기 시작할 때만 하더라도 지칠 대로 지친 젊은이의 얼굴에서 아기 예수의 얼굴을 떠올리게 되리라고는 꿈에도 생각하지 못했습니다. 하지만 깊이 묵상해볼수록 새록새록 은혜를 주는 관점이었습니다.

아버지 앞에 무릎을 꿇고 있는 저 쇠약한 청년은 "세상 죄를 지고 가는 하나님의 어린양"(요 1:29)이었습니다. 죄를 알지도 못하면서 우리 대신 죄를 뒤집어쓰신(고후 5:21) 분이었습니다. "하나님과 동등됨을 취할 것으로 여기지 아니하시고 오히려 … 사람들과 같이"(빌 2:6-7) 되신 분이었습니다. 십자가 위에서 "나의 하나님, 나의 하나님, 어찌하여 나를 버리셨나이까"(마 27:46)라고 부르짖었던 죄 없는 하나님의 독생자였습니다.

〈두 강도 사이에 못 박히신 그리스도〉, 1653, 동판화

—

"아버지 앞에 무릎을 꿇고 있는 저 쇠약한 청년은
'세상 죄를 지고 가는 하나님의 어린양'(요 1:29)이었습니다.
죄를 알지도 못하면서 우리 대신 죄를 뒤집어쓰신(고후 5:21) 분이었습니다."

예수님은 나를 자신과 같은 모습으로 변화시켜서 함께 고향으로 돌아가기 위해 아버지가 맡기신 것을 죄다 팔아치웠습니다. 예수님은 나를 주님처럼 변화시켜서 함께 고향으로 돌아갈 수 있도록 아버지가 물려주신 모든 것을 다 처분했습니다. 아낌없이 주는 아버지에다 물 쓰듯 써버리는 아들, 그야말로 부전자전입니다.

예수님을 탕자로 보는 접근은 이 비유를 해석하는 전통적인 방식과는 상당히 거리가 있습니다. 그럼에도 불구하고 여기에는 엄청난 비밀이 숨어 있습니다. 차츰 내가 소유한 아들의 신분과 그리스도가 가진 아들의 지위가 하나라는 것이 무슨 말인지, 내가 고향을 다시 찾아가는 것과 예수님이 집으로 돌아가는 것이 하나라는 것이 무슨 뜻인지, 내 집과 주님의 집이 하나라는 것이 무슨 의미인지 깨달았습니다.

예수님이 닦아놓으신 길 말고는 하나님께로 갈 방도가 없습니다. 탕자의 비유를 들려주신 분은 말씀이 되신 하나님입니다. "만물이 그로 말미암아 지은 바 되었으니 지은 것이 하나도 그가 없이는 된 것이" 없습니다. "말씀이 육신이 되어 우리 가운데" 거하시며 우리로 그분의 완전한 본질의 일부가 되게 하십니다(요 1:1-14 참조).

믿음의 눈으로 탕자의 이야기를 살펴보기 시작하면서부터 탕자의 귀향은 곧 모든 이들을 이끌어서 하늘 아버지의 집으로 데려가시는 하나님 아들의 귀향이 되었습니다. 바울은 말합니다. "아버지께서는 모든 충만으로 예수 안에 거하게 하시고 그의 십자가의 피로 화평을 이루사 만물 곧 땅에 있는 것들이나 하늘에 있는 것들이 그로 말미암아 자기와 화목하게 되기를 기뻐하심이라"(골 1:19-20).

도시에 기반을 두고 활동하는 수도사들의 공동체, 예루살렘형제수도회를 세운 피에르 마리Pierre Marie 수사는 아주 시적이고 성경적인 방식으로 예수님을 탕자에 빗대어 조명합니다.

인간의 혈통, 인간의 욕구, 인간의 의지에서 비롯되지 않고 하나님 자신으로부터 나신 분은 어느 날 발등상 아래 있는 모든 걸 가지고 떠나셨다. 유산과 독생자의 타이틀은 물론이고 보석금까지 챙기셨다. 그리고 먼 지방으로 가셨다. 그 낯선 나라에 가서 자신을 비우고 스스로 인간이 되셨다.

본래 주님의 소유인 백성들은 그분을 맞아들이지 않았다. 그분의 첫 잠자리는 짚더미였다. 불모지에 뿌리 내린 나무처럼, 그분은 인간들 사이에서 성장하셨으며, 멸시를 당하셨고, 얼굴을 가리고 외면할 만큼 스스로 낮고 천한 존재가 되셨다.

그리고 얼마 지나지 않아서 추방과 적대감, 외로움을 친히 맛보셨다. … 아낌없이 베푸는 삶을 사시며 소중한 가치, 평안, 빛, 진리, 생명, 오랜 세대에 걸쳐 은밀하게 간직해온 보물과도 같은 지식과 지혜까지 모두 주신 뒤에, 이스라엘의 집 잃어버린 자녀들 중에 머물며 스스로 잃어버린 아들이 되어 병자(유복한 이들이 아니다)와 죄인(의인이 아니다), 심지어 창기들과 함께하시며 하늘 아버지의 나라에 들어갈 언약을 주신 뒤에, 탐식가, 술고래, 세리와 죄인의 친구, 사마리아인, 귀신 지핀 사람, 하나님을 모독하는 죄인 취급을 받으신 뒤에, 살과 피까지 남김없이 주신 뒤에, 직접 깊은 슬픔과 고뇌, 괴로운 심령을 뼛속 깊이 체험하신 뒤에, 자청해서 아버지의 버림을 받고 생수의 근원에서 멀리 떨어진 채 십자가 위에서 "내가 목마르다!"고 부르짖으며 절망의 바닥까지 내려가신 뒤에, 무덤에, 죽음의 그늘에 누우셨다.

그리고 사흘 만에 거기서, 친히 인류의 잘못을 지고, 죄를 떠안고, 고통을 끌고 내려가셨던 죽음의 중심에서 살아나셨다. 똑바로 일어나 외치셨다. "자, 이제 나는 내 아버지이자 그대들의 아버지, 내 하나님이자 그대들의 하나님께로 올라간다."

마침내 주님은 하늘로 다시 올라가셨다. 독생자가 모든 이들의 전부가 되는 것을 보시고 여태껏 그 아들과 자녀들을 살피시던 하늘 아버지는 일꾼들에게 말씀하셨다. "서둘러라! 가장 좋은 겉옷을 가져다가 입혀라. 손가락에 반지를 끼우고 발에 샌들을 신겨라. 자, 상을 차리고 잔치를 열자. 알다시피 죽었던 내 자식들이 다시 살아났다. 잃어버렸다가 되찾았으니 얼마나 기쁜지 모르겠다. 탕자였던 내 아들이 저들을 모두 데려왔구나." 그들은 모두 어린양의 피로 깨끗해진 긴 예복을 입고 잔치를 벌이기 시작했다."[1]

렘브란트의 그림 〈탕자의 귀향〉을 보면서 이제는 예전과는 전혀 다른 방식으로 주인공을 인식하게 됐습니다. 그의 아버지이자 내 아버지, 그의 하나님이자 내 하나님께로 돌아온 예수님을 보게 된 겁니다.

작가도 탕자를 그런 식으로 생각했을까요? 그럴 것 같지는 않습니다. 당시의 설교나 글에서 쉽게 만날 수 있는 생각이 아니기 때문입니다. 그럼에도 불구하고 지치고 깨어진 젊은이에게서 예수님의 모습을 볼 때마다 큰 위로와 위안을 받습니다. 아버지의 품에 안긴 청년은 단순히 잘못을 뉘우치는 한 인간이 아니라 하나님께로 돌아간 인류 전체를 상징합니다. 탕자의 상한 몸은 인류의 상한 몸이 되었습니다. 되돌아온 청년의 어린아이 같은 얼굴은 고통스러운 삶을 살며 실낙원에 다시 들어가기를 간절히 소망하는 모든 이들의 얼굴이 되었습니다.

렘브란트의 그림은 그저 감동적인 비유를 화폭에 옮긴 삽화가 아니라 구원 역사의 압축판입니다. 아버지와 아들을 감싸고 있는 빛은 하나님의 자녀들을 기다리고 있는 영광을 보여줍니다. 요한의 당당한 선언이 떠오릅니다. "이제 우리는 하나님의 자녀입니다. 앞으로 우리가 어떻게 될지는 아직 밝혀지지 않았습니다만, 그리스도께서 나타나시면, 우리도 그와 같이 될 것임을 압니다. 그때에 우리가 그를 참모습대로 뵙게 될 것이기 때문입니다"(요일 3:2, 새번역).

하지만 렘브란트의 그림도, 거기에 묘사된 비유도 엑스터시를 주지는 않습니다. 시몬의 사무실에 붙어 있던 포스터에서, 아버지가 돌아온 아들을 껴안은 화면 중앙의 정경을 보았을 때만 하더라도 그 장면을 주시하는 구경꾼 네 명의 존재까지는 인식하지 못한 상태였습니다.

하지만 지금은 '돌아온' 주인공을 에워싼 얼굴들을 분명하게 의식하고 있습니다. 아무리 너그럽게 봐준다 해도 '정체를 알 수 없는' 인물들입니다. 그림 오른쪽에 서 있는 키 큰 남자는 특히 더 그렇습니다. 물론 그 장면에는 아름다움과 영광과 구원이 가득합니다. 하지만 다만 지켜볼 뿐 적극적으로 뛰어들지 않는 비판적인 눈길들이 존재하는 것도 엄연한 사실입니다. 저들은 그림에다 불필요한 사족을 달고 있습니다. 영적인 화해 문제가 빠르고 극적으로 해결되리라고 낙관할 수 없는 대목입니다. 작은아들의 여정은 큰아들의 길과 뗄 수 없는 관계입니다. 이어서 큰형을 살펴보려는 뜻이 거기에 있습니다.

THE ELDER SON
큰아들

2

큰아들이 밭에 있다가 돌아오는데, 집에 가까이 이르렀을 때에, 음악 소리와 춤추면서 노는 소리를 듣고, 종 하나를 불러서, 무슨 일인지를 물어 보았다. 종이 그에게 말하였다. "아우님이 집에 돌아왔습니다. 건강한 몸으로 돌아온 것을 반겨서, 주인어른께서 살진 송아지를 잡으셨습니다." 큰아들은 화가 나서, 집으로 들어가려고 하지 않았다. 아버지가 나와서 그를 달랬다. 그러나 그는 아버지에게 대답하였다. "나는 이렇게 여러 해를 두고 아버지를 섬기고 있고, 아버지의 명령을 한 번도 어긴 일이 없는데, 나에게는 친구들과 함께 즐기라고, 염소 새끼 한 마리도 주신 일이 없습니다. 그런데 창녀들과 어울려서 아버지의 재산을 다 삼켜 버린 이 아들이 오니까, 그를 위해서는 살진 송아지를 잡으셨습니다." 아버지가 그에게 말하였다. "얘야, 너는 늘 나와 함께 있으니 내가 가진 모든 것은 다 네 것이다. 그런데 너의 이 아우는 죽었다가 살아났고, 내가 잃었다가 되찾았으니, 즐기며 기뻐하는 것이 마땅하다." _눅 15:25-32

REMBRANDT AND THE
ELDER SON

렘브란트, 그리고 큰아들

에르미타주 미술관에 조용히 앉아서 〈탕자의 귀향〉을 감상하는 동안, 아버지가 돌아온 아들을 껴안고 있는 중앙에서 오른편에 있는 남자가 당연히 큰아들이라고 생각했습니다. 폭발적인 환영의 몸짓을 바라보며 서 있는 자세가 영락없이 렘브란트가 묘사하고 싶어 하는 인물의 형상이었기 때문입니다. 부지런히 펜을 놀려서 그 메마른 시선과 쌀쌀한 관찰자의 태도를 메모했습니다. 예수님이 말씀하신 큰아들의 특징을 고스란히 볼 수 있었습니다.

하지만 이상한 점이 보입니다. 비유 내용에 따르면 아버지가 잃어버렸던 아들을 껴안고 사랑을 베풀었던 건 분명히 큰아들이 아직 집에 돌아오지 않은 시점이었습니다. 성경을 읽어보면 맏아들이 일터에서 돌아왔을 때는 이미 동생의 귀환을 환영하는 잔치가 한창 벌어지고 있던 상황임을 알 수 있습니다.

렘브란트의 그림과 비유 사이에 이토록 커다란 차이가 있다는 걸 어쩌면 그렇게 새카맣게 모를 수가 있는지, 그리고 렘브란트가 탕자의 초상을 그리면서 형제를 모두 집어넣을 거라고 지레짐작해버릴 수 있었는지 하도 놀라서 기가 다 막힐 지경이었습니다.

여행을 마치고 돌아오기가 무섭게 그림을 역사적으로 연구한 자료들을 찾아 닥치는 대로 읽어나갔습니다. 비평가들 역시 오른쪽에 서 있는 남자의 정체를 두고 나 못지않게 헷갈려 하고 있었습니다. 어떤 이들은 누군지 모를 노인이라고 했고 심지어 렘브란트가 자신의 모습을 그려넣은 게 아닌지 의심하는 쪽도 있었습니다.

하지만 에르미타주 미술관을 방문한 지 일 년도 더 지난 어느 날, 탕자의 귀향에 얽힌 문제들을 두고 자주 이야기를 나누곤 하던 친구 이반 다이어는 바버라 조앤 해거 Barbara Joan Haeger의 논문, "렘브란트의 작품 〈탕자의 귀향〉에 내포된 신앙적 의미"[1] 복사본을 보내주었습니다. 당대의 시각과 상징과 아이콘의 맥락에서 작품을 분석한 그 탁월한 글에서 저자는 큰아들을 그림 속으로 복귀시켰습니다.

해거가 입증한 바에 따르면, 렘브란트 시대의 성경 주석가들과 화가들은 바리새인과 세리의 비유를 탕자의 비유와 밀접하게 연결 짓곤 했습니다. 〈탕자의 귀향〉 역시 예외가 아니었습니다. 수수께끼 같은 시선으로 아버지를 응시하며 서 있는 남자는 큰아들로서 바리새인과 서기관을 대표하는 반면, 자리에 앉은 채 가슴을 치며 돌아온 작은아들을 바라보고 있는 이는 청지기로서 죄인과 세리를 상징합니다. 가장 두드러진 증인으로 큰아들을 그려넣음으로써 화가는 비유의 문자적인 텍스트뿐만 아니라 당대의 회화 전통까지 뛰어넘었습니다. 그런 점을 염두에 두고 헤거는 렘브란트를 "성경 본문의 자구字句뿐만 아니라 정신까지"[2] 포착한 작가로 평가했습니다.

바버라 헤거가 발견한 사실들은 내 직관적인 생각들을 뒷받침해주었지만 단순히 근거를 제시하는 차원에 머물지 않고 더 큰 기쁨들을 선사했습니다. 덕분에 〈탕자의 귀향〉을 거대한 영적인 전투와 거기에 따른 중대한 선택을 압축한 작품으로 볼 수 있게 된 겁니다. 아버지의 팔에 몸을 맡긴 작은아들과 더불어 자신을 향한 사랑을 받아들이거나 물리치는 선택의 기로에 선 큰아들까지 그림으로써, 렘브란트는 '내면에서 벌어지는 영혼의 드라마(나의 드라마뿐만 아니라 자신의 드라마까지)'[3]를 보여줍니다.

탕자의 비유가 복음의 메시지를 요약해 제시하는 동시에, 듣는 이들에게 진실을 직시하고 현명한 선택을 하도록 요구하는 것과 마찬가지로, 렘브란트의 그림 또한 자신의 영적인 씨름을 압축해 제시하

〈탕자의 귀향〉 부분, 1668, 유화

—

"수수께끼 같은 시선으로 아버지를 응시하며 서 있는 남자는 큰아들로서 바리새인과
서기관을 대표하는 반면, 자리에 앉은 채 가슴을 치며 돌아온
작은아들을 바라보고 있는 이는 청지기로서 죄인과 세리를 상징합니다."

면서 감상자들에게 스스로의 삶을 살펴보고 개인적인 결단을 내리라고 초청합니다.

그러므로 렘브란트가 그린 구경꾼들은 작품을 감상자들에게 제각기 개인적인 방식으로 현장에 동참하라고 초대하는 초청장으로 변모시킵니다. 1983년 가을, 그림의 중심부만 잘라 인쇄한 포스터를 처음 보자마자 무언가에 확 끌려들어가는 느낌을 받았습니다. 이제는 그림 전체를 샅샅이 꿰게 되었으며 그 가운데서도 오른쪽에 두드러지게 묘사된 증인의 의미를 깊이 새기게 된 터라, 그 어느 때보다도 〈탕자의 귀향〉이 제기하는 엄청난 도전을 확실하게 감지할 수 있습니다.

작은아들을 살펴보는 동시에 화가의 삶을 자세히 들여다보면, 렘브란트가 대단히 개인적인 방식으로 탕자를 이해하고 있었다는 것을 확신하게 됩니다. 〈탕자의 귀향〉을 그릴 당시, 작가는 대단한 자신감과 성취, 명성으로 가득한 생활을 마감하고 고통스러운 상실과 실망, 실패로 점철된 삶을 살고 있었습니다.

그런 경험들을 통해 렘브란트는 외면의 빛으로부터 내면의 광채로, 외적인 사건 묘사에서 내적인 의미 표현으로, 사람과 사물이 가득한 인생에서 고독과 침묵이 더 큰 자리를 차지하는 삶으로 옮겨갔습니다. 나이가 들어갈수록 더 내밀해지고 평온해진 것입니다. 일종의 영적인 귀향이었습니다.

하지만 큰아들 역시 화가의 인생 경험 가운데 한 축을 대변하고 있습니다. 오늘날 상당수 전기 작가들은 렘브란트의 삶에 덧씌워진 로맨틱한 환상들을 탐탁지 않게 생각합니다. 흔히 생각하는 것 이상으로 후원자들의 요구와 금전적인 필요에 민감했고, 다루고 있는 주제들은 영적인 비전보다는 당시 유행하던 화풍의 소산이며, 거듭된 실패는 주어진 환경에 감사할 줄 모르는 독선적이고 불쾌한 성품과 관련이 깊다고 강조합니다.

새로 출간된 여러 전기들은 렘브란트가 영적인 진리를 탐색하기보다는 이기적이고 계산적인 술수에 능한 인간이라고 말합니다. 대다수 작품들에 탁월한 면이 있는 건 사실이지만 세간에서 생각하는 것만큼 영성이 넘치는 사람은 아니었다는 겁니다. 이런 탈신화적인 렘브란트 연구를 처음 대했을 때는 적잖이 충격을 받았습니다.

특히 게리 슈워츠Gary Schwarts가 쓴 전기는 주인공을 낭만적으로 포장할 여지를 전혀 남겨두지 않아서 과연 '회심'의 경험이랄 만한 게 있기는 했는지 의심스러울 지경이었습니다. 가족과 친구들에서부터 그림을 주문하거나 구입한 이들에 이르기까지 다채로운 후원자들과 맺은 관계를 연구한 결과에 따르면, 렘브란트는 함께 지내기에 상당히 거북한 인물이었던 것만큼은 분명해 보입니다. 슈워츠는 "앞을 가로막는 이들을 공격하기 위해 합법적인 수단은 물론 불법적인 무기까지 총동원하는 모질고도 복수심이 강한 사람"[4]이라고까지 이야기합니다.

사실, 렘브란트는 이기적이고 오만하게, 또는 복수심에 사로잡혀 행동하는 경우가 많았던 것으로 유명합니다. 6년씩이나 한 지붕 아래 살았던 헤이르체 디르흐Geertje Dircx를 대했던 방식만 보더라도 그런 면모를 생생하게 엿볼 수 있습니다. 렘브란트는 전처의 친동생으로 누이의 변호사를 맡고 있던 인물을 회유해, "그녀에게 불리한 증거들을 모아 수용 시설로 보내는 일을"[5] 맡겼습니다. 결국 헤이르체는 정신병원에 감금됐습니다. 퇴원 가능성이 다시 제기되었을 때도 곧바로 "사람을 풀어서 반대 증거를 수집해 병원을 벗어날 수 없도록"[6] 조처했습니다.

이런 비극적인 사건들이 일어나기 시작하던 1649년, 렘브란트는 일 년 내내 그 일에 신경을 쓰느라 단 한 점의 작품도 그리지 못했습니다. 이 무렵, 주인공의 또 다른 면이 드러납니다. 쓰라린 상처에 괴로워하며 복수욕에 사로잡혀 배신을 서슴지 않는 길 잃은 인간의 모습입니다.

이런 렘브란트를 대하는 건 아주 불편한 노릇입니다. 세속적인 쾌락에 빠져 뒹굴다가 뉘우치고 집에 돌아와 대단히 영적인 삶을 살게 된 탐욕스러운 인물을 불쌍히 여기기는 어렵지 않습니다. 하지만 툭하면 앙심을 품고 소중한 시간들을 시시한 소송 따위에 낭비하며 오만한 짓거리로 가까운 이들에게 끊임없이 상처를 입히는 인간을 동정하기란 만만한 일이 아닙니다. 그럼에도 불구하고 내가 아는 한, 그 역시 렘브란트의 삶의 일부, 결코 무시해서는 안 될 일면입니다.

렘브란트는 작은아들과 많이 닮았지만 큰아들과도 무척 비슷합니다. 큰아들의 상실감과 작은아들의 방황을 삶에서 모두 체험했던 작가는 만년에 〈탕자의 귀향〉을 그리면서 두 아들을 모두 화폭에 올렸습니다. 둘 다 치유와 용서가 필요했습니다. 둘 다 집으로 돌아와야 했습니다. 둘 다 아버지의 품에 안겨 용서를 받아야 했습니다.

하지만 세상에서 가장 어렵고 힘든 회심을 찾자면 아무래도 집에 머물고 있는 이가 돌이키는 경우를 꼽아야 할 겁니다. 이것은 렘브란트의 그림은 물론이고 비유 자체에서도 분명하게 알 수 있는 사실입니다.

THE ELDER SON
LEAVES

큰아들, 집을 나가다

에르미타주 미술관에서 렘브란트의 작품을 감상하며 시간을 보내다보니 차츰 큰아들이라는 인물에 점점 더 깊은 매력을 느끼게 됐습니다. 오래 응시하면서 그 마음과 생각에서 일어났을 일들을 이리저리 더듬어보았습니다. 큰아들이 작은아들의 귀향을 지켜보는 주요 입회인이라는 점에는 의문의 여지가 없습니다.

아버지가 고향에 돌아온 아들을 껴안고 있는 부분만 알고 있을 때는 오히려 그림을 이해하기가 쉬웠습니다. 초대하고, 마음을 움직이고, 안심시키는 장면으로 받아들이면 그만이었습니다. 그런데 전작 全作을 대하자마자 생각이 달라졌습니다. 부자상봉에 담긴 복잡한 의미를 인식하게 된 겁니다.

두 주먹을 불끈 쥐고 서서

작은아들을 끌어안은 노인을 바라보는 핵심 입회인인 큰아들은 한 발 뒤로 물러서 있습니다. 아버지를 바라보고 있지만 기뻐하는 기색이 없습니다. 손을 내밀지도, 웃음 짓지도, 반갑다는 표현을 하지도 않습니다. 무대 한쪽 구석에 그냥 서 있을 뿐, 전면에 나설 의사가 전혀 없어 보입니다.

'귀향'이 중심 화제畵題라는 건 분명합니다. 하지만 물리적으로 캔버스 중앙에서는 그 장면을 찾아볼 수 없습니다. 사건은 왼쪽으로 치우친 자리에서 벌어집니다. 오른쪽 구석은 기골이 장대하고 완고해 보이는 큰아들이 지배하고 있습니다. 넓은 여백은 아버지와 맏아들을 갈라놓고 있습니다. 팽팽한 긴장감을 자아내며 해결을 재촉하는 공간입니다.

그림에 큰아들이 버티고 있는 한, 탕자가 돌아온 사건을 감상적으로 해석하는 것은 거의 불가능합니다. 비중이 가장 높은 이 입회인은 아버지가 보여주는 따뜻한 환영에 동참할 생각이 없다는 듯, 한 사코 거리를 두려 합니다. 큰아들 마음에는 무슨 생각이 오가고 있을까요? 무슨 일을 하려는 걸까요? 아버지처럼 동생에게 다가가 그를 힘껏 끌어안을까요? 아니면 분노와 혐오감을 못 이기고 밖으로 뛰쳐나갈까요?

큰아들

〈탕자의 귀향〉 부분, 1668, 유화

"렘브란트는 큰아들과 아버지를 대단히 흡사하게 그렸습니다. 둘 다 수염을 기르고 있으며 붉은 망토를 어깨에 넉넉하게 두르고 있습니다. 이런 외적인 요소들은 큰아들과 아버지 사이에 공통점이 많다는 사실을 넌지시 암시합니다."

친구 바트로부터 내가 작은아들보다 큰아들 쪽과 더 비슷할 거라는 이야기를 들은 뒤로 이 '오른쪽 남자'를 좀 더 면밀하게 관찰한 덕분에 이해하기 어려운 새로운 사실들을 여럿 보게 됐습니다.

렘브란트는 큰아들과 아버지를 대단히 흡사하게 그렸습니다. 둘 다 수염을 기르고 있으며 붉은 망토를 어깨에 넉넉하게 두르고 있습니다. 이런 외적인 요소들은 큰아들과 아버지 사이에 공통점이 많다는 사실을 넌지시 암시합니다. 화가는 큰아들의 얼굴에 빛을 떨어뜨려서 역시 밝은 조명을 받고 있는 아버지의 얼굴과 직접 연결시키는 방식으로 방점을 찍습니다.

하지만 둘 사이에는 가슴 아픈 차이가 있습니다. 아버지는 집으로 되돌아온 아들을 향해 몸을 굽히고 있습니다. 큰아들은 뻣뻣하게 서 있을 뿐입니다. 손에서 바닥까지 곧게 이어진 지팡이는 그의 완고한 마음가짐을 보여줍니다.

아버지의 망토는 자식을 환영하는 듯 넓게 펼쳐져 있습니다. 큰아들의 옷은 몸에 착 달라붙었습니다. 아버지는 손을 펴서 탕자를 어루만지고 있습니다. 축복의 몸짓입니다. 큰아들은 양손을 단단히 모아 쥔 채 가슴에 대고 있습니다. 두 인물의 낯에는 모두 빛이 드리웠습니다. 그러나 아버지의 얼굴에서 나오는 광선은 온몸(특히 두 손)으로 흘러나가 따듯하고 풍성한 빛으로 작은아들을 온전히 감싸는 반면, 큰아들 얼굴 위에 떨어진 빛은 차갑고 제한적입니다. 몸뚱이는 여전히 어둠에 묻혔고 그러쥔 손은 그늘졌습니다.

어쩌면 렘브란트가 그림으로 옮긴 이야기는 '탕자의 비유'가 아니라 '탕자들의 비유'라고 부르는 것이 정확할지 모릅니다. 자유와 행복을 찾아 집을 떠났다가 먼 지방에서 길을 잃은 작은아들뿐만 아니라 고향에 머물던 아들 역시 방황하기는 마찬가지였습니다. 겉으로는 어른이 시키는 일을 성실하게 잘해낸 착한 아들처럼 보이지만, 속내를 들여다보면 아버지로부터 멀리 떨어진 채 엉뚱한 곳을 헤매고 있었습니다. 부친을 잘 섬기고 하루하루 열심히 일하며 주어진 책임을 다했지만 큰아들은 날이 갈수록 불행하고 자유하지 못했습니다.

원망 속에 길을 잃고

내가 탐욕스러운 작은아들보다 이 냉혹하고 원망과 분노에 차 있는 남자와 더 비슷하다는 사실을 받아들이기 어려웠습니다. 그러나 생각할수록 내 안에 큰아들 모습이 사리잡고 있음을 인정할 수밖에 없습니다. 집안의 장남인 나는 모범적인 아들이 된다는 것이 어떤 느낌인지 잘 압니다.

맏아들에게는 부모의 기대에 맞추어 살며 그 뜻을 잘 따르고 효도하는 자식이라는 소리 듣고 싶어 하는 특유의 욕구가 있는지도 모른다는 생각을 자주 합니다. 첫째들은 칭찬을 받고 싶어 합니다. 아버지 어머니를 실망시키지 않으려고 노력합니다. 한편으로는 누군가를 기쁘게 하는 일 따위는 아랑곳하지 않고 '저 좋은 일을' 마음껏 하는 동생들을 아주 어려서부터 부러워합니다.

멀리 갈 것도 없이 나만 하더라도 그렇습니다. 주변 사람들이 부모의 뜻을 거슬러가며 사는 걸 보면서 늘 기묘한 호기심을 느낍니다. 감히 흉내내지는 못하지만 그게 어떤 삶인지 궁금해하는 겁니다. 어버이나 다름없는 이들(교사, 영적인 리더, 교회 지도자 등)이 설정한 의제에 순응해서 거기에 합당한 일들만 골라 하면서도 한쪽 구석에서는 어째서 탕자처럼 '달아날' 용기를 내지 못하는지 알 수 없었습니다.

이상하게 들리겠지만, 제멋대로 집을 나가버린 아들에게 부러움 비슷한 감정을 마음 깊이 품고 살았습니다. 죄스러운 일들을 천연덕스럽게 저질러가며 즐겁게 지내는 친구들을 볼 때마다 내 안에서 불끈불끈 그런 느낌이 솟구쳤습니다. 비난받을 짓이라거나 심하게는 비도덕적인 행위로 규정하기도 했지만, 전부는 고사하고 한두 가지도 따라해볼 엄두조차 내지 못하는 까닭이 궁금했습니다.

스스로 대견하게 생각하며 남들도 칭찬을 아끼지 않는 순종하고 효도하는 삶이 때로는 어깨에 짊어진 무거운 짐이 되어 계속 나를 짓눌렀습니다. 나중에는 제아무리 몸부림쳐도 떨어지지 않아서 어쩔 수 없이 받아들이는 지경에 이르렀습니다. "나는 이렇게 여러 해를 두고 아버지를 섬기고 있고 아버지의 명령을 한 번도 어긴 일이 없는데, 내게는 친구들과 함께 즐기라고, 염소 새끼 한 마리도 주신 일이 없습니다"라고 불평하는 큰아들의 마음을 십분 이해할 수 있었습니다. 큰아들의 불평을 들어보십시오. 순종과 효도는 짐이 되었고, 섬김은 종살이로 변질되어 있습니다.

크리스천이 된 지 얼마 안 된 친구한테서 열심히 기도하지 않는다는 비판을 받는 순간, 이 모든 것이 바로 내 문제가 됐습니다. 이야기를 듣는 순간 화가 치밀었습니다. 겉으로는 별 말 안 했지만, 속이 부글부글 끓었습니다. '감히 누구한테 기도를 가르치려 드는 거야! 여태까지 아무런 훈련도 받지 않고 내키는 대로 살아온 주제에. 이래뵈도 난 어려서부터 철저하게 말씀을 따라 산 모태신앙이란 말씀이야! 회심한 지 얼마나 됐다고 이래라저래라 하는 거야!'

속으로 이렇게까지 화를 냈다는 것은 그만큼 큰 '탈선'을 보여줍니다. 집을 떠나 방황하는 건 아니었지만 그렇다고 아버지의 집에서 자유롭게 사는 것도 아니었습니다. 분노하고 시기하는 모습 자체가 여전히 무언가에 속박된 종의 신세라는 증거입니다.

이것이 나만의 문제일까요? 사실 집에 있으면서도 길을 잃고 방황하는 맏아들, 큰딸들이 얼마나 많은지 모릅니다. 판단과 정죄, 분노와 원망, 원한과 시기로 뒤범벅이 된 탈선은 인간의 마음에 말할 수 없을 만큼 해롭고 치명적입니다. 보통 탈선이라고 하면 눈에 확 띄는 대단한 일을 떠올립니다. 작은아들은 그런 통념에 딱 들어맞는 잘못을 저질렀습니다. 탕자의 탈선은 확연하게 드러납니다. 돈과 시간, 친구, 나아가 자기 몸까지 잘못 사용했습니다.

백번 생각해도 그릇된 길을 갔습니다. 가족과 친구는 물론이고 자신도 그 사실을 잘 알았습니다. 인륜을 저버리는 불효를 저질렀고 욕정과 탐욕에 몸과 마음을 맡겼습니다. 너무나 명명백백해서 잘잘못을 가릴 필요조차 없습니다. 작은아들은 엇나간 비행의 말로가 비참할 따름이라는 것을 깨닫고 돌이켰으며 용서를 구했습니다. 인간이 저지르는 전형적인 실수와 간단한 해결책이 여기에 있습니다. 누구나 쉽게 이해하고 공감할 수 있습니다.

거기에 비해 큰아들의 탈선은 분별하기가 너무 어렵습니다. 우선 그르다고 할 만한 일을 하지 않았습니다. 고분고분했고, 효도를 다했고, 규율을 잘 지키고, 열심히 일했습니다. 다들 큰아들을 존중하고, 높이 평가했으며, 칭찬하고, 모범적인 아들의 전형으로 여겼습니다. 겉으로 보기에는 나무랄 데가 없었습니다.

그러나 집으로 돌아온 작은아들을 보고 뛸 듯이 기뻐하는 아버지의 모습을 보자 암흑의 기운이 중심에서 솟구쳐 표면으로 떠올랐습니다. 마음 깊이 숨어 있던 분노하고, 오만하며, 몰인정하고, 이기적인 자아가 몇 년 새 점점 더 강해지더니 마침내 사납게 본색을 드러낸 것입니다.

자신을 찬찬히 살피고 주위 사람들을 돌아보면서 과연 정욕과 원망에 찬 분노 가운데 무엇이 더 해로운지 궁금했습니다. '바르고 착하게' 사는 이들 가운데 분노가 넘칩니다. 이른바 '성도'라는 이들 사이에 판단과 정죄, 편견이 횡행합니다. '죄'를 피하려고 안간힘을 쓴다는 이들이 분노에 사로잡혀 냉랭한 분위기를 연출하기 일쑤입니다.

원망에 사로잡혀 길을 잃은 '성도들'의 방황은 선하고 의로워지려는 소망과 단단히 결부되어 있으므로 그 실체를 정확하게 파악하기가 대단히 힘듭니다. 나만 하더라도 더 착하게 살고, 누구한테나 받아들여지며, 누구나 좋아할 만하며, 남들이 보고 배울 만한 모범이 되려고 얼마나 꾸준히 노력했는지 모릅니다. 죄의 함정에 빠지지 않으려고 늘 정신을 똑바로 차렸고 유혹에 빠질까봐 항상 조심했습니다.

그러다 보니 점점 더 심각해지고 도덕적으로 엄숙해져서(광신적으로 보일 만큼) 아버지의 집에 있는데도 통 편안한 느낌이 들지 않았습니다. 날이 갈수록 부자유스럽고 자연스럽지 못했습니다. 나중에는 차츰 '엄격한' 인간이 되어가는 것을 주변에서도 눈치챌 정도가 되었습니다.

남은 건 아픔뿐, 기쁨이 없다

아버지를 공격하는 큰아들(독선적이고 자기 연민에 빠져 있는데다 질투심으로 가득합니다)의 이야기를 들으면 불만의 뿌리가 상당히 깊음을 감지할 수 있습니다. 마땅히 제몫으로 돌아와야 할 대가를 전혀 받지 못했다고 생각하는 마음에서 비롯된 푸념입니다. 그것은 적개심의 토대를 이루고 있다가 온갖 은밀하고 노골적인 방식을 통해 분출되는 불평입니다. "열심히 노력했어. 오랫동안 최선을 다했다고. 일도 많이 했어. 하지만 아무 대가도 받지 못했어. 남들은 다 쉽게 얻는데 말이야. 어째서 아무도 나한테 고맙다고 인사를 하지 않는 거지? 초대하거나 함께 어울리려 하지도 않고. 왜 제대로 대우를 해주지 않느냐고. 대충대충 가볍게 사는 이들한테는 그렇게 신경들을 쓰면서 말이야."

속으로 생각만 하든, 입 밖에 내든, 그렇게 불평을 늘어놓을 때마다 내 안에 있는 큰아들의 모습을 봅니다. 사소한 거절이나 불친절,

무관심에도 푸념을 늘어놓곤 합니다. 아차 싶어서 돌아보면 벌써 투덜거리거나, 칭얼거리거나, 으르렁거리거나, 탄식하거나, 잔소리하고 있기 일쑤입니다.

석연치 않은 문제에 매달릴수록 형편은 더 나빠집니다. 분석을 거듭할수록 불평거리는 더 늘어납니다. 깊이 파고들수록 상황은 더 심하게 꼬여만 갑니다. 은밀한 불만으로 끌어들이는 거대한 어둠의 세력이 존재합니다. 정죄와 자책, 독선과 자기 거부 등이 서로 물고 물리면서 아주 고약한 방식으로 상승 작용을 합니다. 꼬임에 넘어갈 때마다 자신을 거부하는 끝이 보이지 않는 소용돌이 속으로 빨려 들어갑니다. 일단 불평불만이라는 광막한 미로에 발을 들여놓으면 순식간에 길을 잃게 되고 결국에는 세상이 자신을 몰라주고, 거부하며, 무시하고, 멸시한다는 의식에 사로잡히고 맙니다.

분명한 것이 있습니다. 불평은 꼬리에 꼬리를 물게 마련이며 전혀 생산적이지 않다는 점입니다. 동정심을 자극하고 간절히 소망하는 무언가를 얻을 욕심에 푸념을 늘어놓으면 백이면 백 기대했던 것과는 전혀 다른 결과가 나타나게 마련입니다. 매사 불만스러워하는 상대와 어울리는 건 골치 아픈 일입니다. 자기부정적인 이가 늘어놓는 불평에 대처할 묘수를 터득한 이는 흔치 않습니다. 비극적인 건 한번 불평을 내뱉고 나면 머잖아 가장 두려운 상황에 몰린다는 사실입니다. 더 심한 거절에 직면하게 된다는 겁니다.

이런 관점에서 보면, 아버지의 기쁨에 동참하지 못하는 큰아들의 심리를 십분 이해할 수 있습니다. 들판에서 돌아온 큰아들은 북 치고 장구 치며 춤추는 소리를 들었습니다. 집안에 경사가 났음을 금방 알 수 있었습니다. 순간, 수상쩍다는 생각이 들었습니다. 일단 자기부정적인 불만이 마음에 자리 잡으면 기쁜 일도 기쁘게 받아들일 수 없을 만큼 비정상적인 상태에 빠집니다.

비유를 찬찬히 읽어봅시다. 큰아들은 "종 하나를 불러서 무슨 일인지를 물어"보았습니다. 다시 따돌림 받았다는, 무슨 일이 있는지 누군가 이야기해주었을 법한데 그러지 않았다는, 중요한 자리에 끼지 못했다는 두려움이 짙게 밴 반응입니다. 즉각 "어째서 아무도 소식을 전해주지 않았지?"라는 불만이 꿈틀대기 시작합니다.

그런 줄도 모르고 하인은 신이 나서 열심히 희소식을 전합니다. "아우님이 집에 돌아왔습니다. 건강한 몸으로 돌아온 것을 반겨서, 주인어른께서 살진 송아지를 잡으셨습니다." 하지만 그 즐거운 외침은 반향을 일으키지 못합니다. 큰아들은 안도하고 감사하는 대신 정반대의 반응을 보입니다. "큰아들은 화가 나서, 집으로 들어가려고 하지" 않았습니다. 기쁨과 원망은 공존할 수 없습니다. 음악이 연주되고 춤추는 소리는 큰아들을 기쁨으로 끌어들이기는커녕 더 위축

되게 만들었습니다.

내게도 비슷한 경험이 있습니다. 그날 상황이 지금도 생생하게 기억납니다. 왠지 적적하다는 생각이 들어서 친구한테 함께 바람이나 쐬고 오자고 했습니다. 상대는 바빠서 안 되겠다며 거절했습니다. 그런데 잠시 후에 바로 그 주인공을 파티가 한창이던 다른 동료의 집에서 만났습니다.

눈길이 딱 마주치자 친구가 말했습니다. "어서 와! 반가워!" 하지만 파티 얘기는 입도 뻥긋하지 않았던 게 얼마나 괘씸하던지 어울릴 기분이 들지 않았습니다. 인정받지도, 선택되지도, 사랑받지도 못했다는 불만이 들끓었습니다. 나는 문을 꽝 닫고 뛰쳐나왔습니다. 완벽한 소외였습니다. 방 안 가득하던 기쁨을 받아들일 수도, 거기에 낄 수도 없었습니다. 즐거움이 눈 깜짝할 사이에 분노의 근원이 됐습니다. 기쁨의 자리에 함께하지 못하는 경험은 곧 분노하고 원망하는 심정의 체험이기도 합니다. 큰아들은 집에 들어가 아버지와 기쁨을 나누지 못했습니다. 마음속이 불만으로 꽉 차 있는 탓에 감정이 무뎌졌고 어둠에 빠져 있었습니다.

아버지가 벅찬 기쁨으로 작은아들을 맞아들이는 무대 한쪽 구석에 서 있는 큰아들을 그릴 당시, 렘브란트는 그 깊고 오묘한 뜻을 정확히 파악하고 있었던 것이 분명합니다. 작가는 잔치 분위기를 표현하는 데 악사와 무희들을 등장시키지 않았습니다. 그런 인물들은 아버지의 기쁨을 드러내는 외적인 부호에 불과합니다. 잔치를 암시하는 기호라고는 어느 여성(탕자의 어머니일지도 모릅니다)이 기대 선 벽에 새겨진 부조, 앉아서 피리를 부는 연주자의 돋을새김뿐입니다. 대신 화가는 빛, 아버지와 아들을 모두 감싸고 있는 눈부신 광채를 그렸습니다. 렘브란트가 묘사하려 했던 것은 하나님의 집에 속한 기쁨이었기 때문입니다.

비유를 한 번이라도 들어본 이라면, 어두운 바깥에 버티고 서서 행복하게 떠드는 소리가 가득한 집안으로 들어오지 않으려 하는 큰아들의 모습을 쉽게 상상할 수 있을 겁니다. 하지만 렘브란트는 집도, 들판도 그리지 않았습니다. 모든 걸 다만 빛과 어두움으로 표현했습니다.

환한 빛이 흘러넘치는 아버지의 포옹은 하나님의 집을 상징합니다. 세상의 모든 음악과 춤이 그 안에 다 있습니다. 큰아들은 사랑의 동심원 바깥에 머물며 빛 가운데로 들어오길 마다합니다. 맏이의 얼굴에도 광선이 드리운 걸 보면 그 역시 광선의 영역으로 초대를 받았지만 완강히 거부하고 있음을 분명하게 보여줍니다.

이 이야기를 들은 이들은 궁금해합니다. 큰아들은 결국 어떻게 됐을까요? 간곡한 설득을 듣고 마음을 바꿨을까요? 결국은 집으로 들

큰아들

어가 잔치자리에 앉았을까요? 아버지처럼 동생을 껴안고 잘 돌아왔다고 환영해주었을까요? 동생과 나란히 아버지가 베푼 상에 앉아 음식을 기꺼이 즐기지 않았을까요? 자신 또한 용서받아야 할 죄인임을 스스로 고백했을까요? 동생보다 결코 나을 게 없다는 사실을 선선히 받아들였을까요?

렘브란트의 그림은 물론이고 비유 그 자체를 봐도 큰아들이 마침내 어떤 결정을 내렸는지 알 수 없습니다.

이런 궁금증은 오롯이 나의 몫으로 남았습니다. 작은아들이 잔치를 어떻게 받아들였는지, 집에 돌아온 뒤에는 아버지와 어떻게 지냈는지 알 수 없습니다. 마찬가지로 큰아들이 동생과, 아버지와, 더 나아가 자기 자신과 화해했는지 그 여부도 알 수 없습니다. 한 점 의심 없이 분명한 것이 있다면 아버지의 마음뿐입니다. 한없이 사랑을 베푸는 그 넓은 마음 말입니다.

저마다 대답해야 할 질문

동화와 달리 비유는 해피엔딩으로 끝나지 않습니다. 오히려 삶 전체를 통틀어 영적으로 가장 까다로운 선택과 마주하게 합니다. 모든 죄를 용서하시는 하나님의 사랑을 신뢰할지 말아야 할지 결정해야 합니다. 누구도 그 판단을 대신해줄 수 없습니다.

바리새인들이 "죄인을 영접하고 음식을 같이 먹는다"(눅 15:2)라고 비난하자, 예수님은 집으로 돌아온 탕자와 아울러 원망하고 분노했던 큰아들을 내세워 명쾌하게 선을 그으셨습니다. 율법에 충실했던 이 종교인들에게는 충격이었습니다. 마침내 이들은 스스로 토해놓은 불평과 마주서서 죄인들을 향한 하나님의 사랑에 어떻게 반응할지 선택해야 했습니다.

예수님이 그러셨던 것처럼 바리새인들도 기꺼이 죄인들과 한 상에 앉으려 했을까요? 예나 지금이나 이건 대단한 도전입니다. 바리새인들도, 나도, 분노에 사로잡혀 불평을 늘어놓는 삶에 안주하고 싶어 하는 사람도 모두 이 심각한 선택 앞에 서 있습니다.

내 안에 자리잡은 큰아들의 모습을 돌아볼수록 이런 형태의 타락이 내 안에 얼마나 깊이 뿌리를 내리고 있는지, 그리고 거기서 돌이켜 집으로 돌아온다는 것이 얼마나 힘든 일인지 더욱 선명하게 눈에 들어옵니다. 인간 존재의 가장 깊은 구석을 차지하고 있는 차가운 분노에서 벗어나 집으로 돌아오는 일에 비하면, 정욕에 눈이 멀어 벌인 일탈 행위에서 돌이키는 건 훨씬 쉬운 일입니다. 그러나 이와 같은 분노는 쉽게 구분해서 이성적으로 처리할 수 있는 종류가 아닙니다.

이건 훨씬 치명적입니다. 개인적인 장점들과 밀접하게 연관되어

〈시몬의 장모를 고치시는 그리스도〉, 1650, 소묘

—

"진정 내 힘으로 일으킬 수 없는 일이 내 안에서 일어나야 합니다.
아래로부터 다시 태어날 길은 없습니다. 인간의 힘으로, 인간의 생각으로,
인간의 심리적인 깨달음으로는 거듭날 수 없다는 말입니다.
치료는 오직 위로부터 하나님이 손을 내밀어주실 때만 가능합니다."

있다는 점에서 그렇습니다. 순종적이고, 성실하고, 법을 잘 지키며, 열심히 일하고, 자기희생적이라는 건 누가 봐도 좋은 자질이 아니던가요? 그런데 원망과 불평이 바로 그 칭찬할 만한 태도들과 단단히 결합되어 있으니 정말 이상한 노릇입니다. 그 탓에 절망감에 빠질 때가 한두 번이 아닙니다.

말과 행동으로 더할 나위 없이 너그러운 모습을 보여주길 원하는 바로 그 순간, 분노와 원망에 사로잡힙니다. 마음을 비워야겠다고 생각하는 바로 그 순간, 사랑을 끌어모으는 데 집착합니다. 맡은 일을 멋지게 해내기 위해 최선을 다하려는 바로 그 순간, 왜 남들은 나만큼 헌신하지 않는지 회의하기 시작합니다. 시험을 이길 능력이 있다고 생각하는 바로 그 순간, 유혹에 넘어간 이들을 은근히 부러워합니다. 고결한 자아가 있는 곳에는 반드시 원한에 사무친 불평꾼이 따라다니는 것 같습니다.

여기서 참으로 허약한 나의 진짜 모습과 마주칩니다. 나에게는 원한을 완전히 뿌리뽑을 능력이 없습니다. 원망과 분노는 내 속사람이라는 토양에 너무 단단히 박혀 있어서 그것을 힘껏 잡아당긴다는 건 곧 자신을 파괴하는 행위 같은 느낌이 듭니다. 도덕적인 장점들을 다치지 않으면서 원한을 제거할 수 있는 방법은 없는 걸까요?

내 안의 큰아들은 집으로 돌아올 수 있을까요? 작은아들처럼 나 역시 바른 길을 찾을 수 있을까요? 원한에 눈이 멀어 길을 잃었을 때, 질투에 사로잡혔을 때, 순종과 책임의 굴레에 갇혀 종처럼 살 때 어떻게 하면 되돌아설 수 있을까요?

스스로 어찌해볼 길은 없습니다. 이건 명명백백한 사실입니다. 탕자와 같은 자아를 치료하는 것보다 큰아들 같은 자신을 고치는 것이 더 크고 급한 일입니다. 제 힘으로는 구원에 이르지 못함을 통감하게 된 지금은 니고데모에게 하신 예수님의 말씀이 무슨 뜻인지 잘 압니다. "내가 네게 거듭나야 하겠다 하는 말을 놀랍게 여기지 말라"(요 3:7).

진정 내 힘으로 일으킬 수 없는 일이 내 안에서 일어나야 합니다. 아래로부터 다시 태어날 길은 없습니다. 인간의 힘으로, 인간의 생각으로, 인간의 심리적인 깨달음으로는 거듭날 수 없다는 말입니다. 지난날, 불평 불만에서 벗어나려고 온갖 노력을 다했지만 실패하고, 실패하고, 또 실패해서 결국 정서적으로 완전히 무너져내렸을 뿐만 아니라 신체적으로도 심각하리만치 피폐해졌던 경험에 비추어볼 때 이것은 분명하고도 확실한 사실입니다.

치료는 오직 위로부터 하나님이 손을 내밀어주실 때만 가능합니다. 내게는 불가능할지라도 하나님은 가능합니다. 성경은 말합니다. "하나님께는 불가능한 일이 없다"(눅 1:37, 새번역).

THE ELDER SON'S
RETURN

큰아들, 집으로 돌아오다

아버지는 작은아들뿐만 아니라 맏아들도 애타게 기다렸습니다. 그 역시 잘못을 깨닫고 기쁨의 집으로 되돌아올 필요가 있었습니다. 큰아들은 간곡히 타이르는 아버지의 가르침에 반응을 보일까요, 아니면 자기 뜻을 굽히지 않을까요? 렘브란트 또한 그 질문에 확실한 답을 하지 않습니다.

바버라 존 해거는 이렇게 적었습니다. "렘브란트는 큰아들이 빛을 보았는지 여부를 드러내지 않는다. 다만 노골적으로 정죄하지 않음으로써 그 역시 스스로 죄인임을 알게 될 가능성을 남겨두었다. 큰아들의 반응을 어떻게 해석하느냐는 관람자의 몫이 되었다."[1]

여전히 열려 있는 회심의 가능성

마무리가 열려 있는 비유와 그것을 묘사한 렘브란트의 그림은 영적으로 수많은 과제를 안겨주었습니다. 빛을 받고 있는 큰아들의 얼굴과 어둠이 드리운 두 손에서 옴짝달싹 못하는 현재 상태만이 아니라 언제든 자유로워질 가능성까지 엿볼 수 있습니다.

탕자의 비유는 형제를 선과 악으로 갈라놓는 이야기가 아닙니다. 여기서 선한 이는 오직 아버지뿐입니다. 어른은 형과 아우를 모두 사랑합니다. 버선발로 달려나가 두 아들을 맞아들입니다. 두 자식을 모두 한 상에 앉히고 더불어 기쁨을 나누길 바랍니다. 동생은 모든 허물을 용서하는 아버지 품에 안겼습니다. 큰아들은 멀찍이 물러서서 아버지의 자비로운 몸짓을 지켜볼 따름입니다. 아직까지는 분노와 원망을 떨쳐버리고 아버지가 베푸는 치유의 손길에 자신을 내어 맡기지 못합니다.

아버지는 사랑을 받아들이라고 강요하지 않습니다. 모든 이들의 내면에서 어둠을 몰아내주기를 바라면서도 자유롭게 선택할 여지를 줍니다. 우리는 계속해서 암흑 속에 머물 수도 있고, 하나님이 비춰주시는 사랑의 빛 속으로 걸어들어 갈 수도 있습니다. 하나님이 거기에 계십니다. 주님의 빛이 거기에 있습니다. 거룩한 용서가 거기에 있습니다. 창조주의 무한한 사랑이 거기에 있습니다.

자녀들이 어떤 길을 선택하든 상관없이 하늘 아버지는 늘 그 자리를 지키며 언제라도 베풀고 용서할 준비를 갖추고 계신다는 사실만큼 분명한 것이 또 있을까요? 회개 여부나 안팎의 변화와 전혀 상관없이, 주님의 사랑은 처음부터 끝까지 한결같습니다.

작은아들이든 큰아들이든 하나님이 기대하시는 건 단 하나, 집으로 돌아오는 것뿐입니다. 아서 프리먼Arthur Freeman은 이렇게 적었습니다.

아버지는 큰아들과 작은아들을 모두 사랑했다. 아버지는 저마다 뜻하는 대로 살 자유를 주시지만, 받아들이지도 않고 제대로 깨닫지도 못하는 자유를 부여하실 수는 없다. 당시의 관습과는 달리 이 아버지는 자식들이 주체적으로 살아가야 한다는 사실을 잘 알고 있는 것처럼 보인다. 하지만 아울러 아버지의 사랑과 '집'이 반드시 필요하다는 점 역시 분명하게 인식하고 있다. 인생사를 어떻게 매듭지을지는 각자의 선택에 달려 있다. 이야기가 완결되지 않았다는 사실만 봐도 이야기가 올바르게 마무리되는 데 따라 아버지의 사랑이 달라지는 것이 아님을 확실히 알 수 있다. 아버지의 사랑은 다만 그 자신의 존재와 성품에 따라 좌우될 뿐이다. '변화가 생길 때마다 변하는 사랑은 사랑이 아니다'라는 셰익스피어의 소네트 그대로다.[2]

개인적으로는 큰아들의 회심 가능성이 대단히 중요합니다. 내 안에는 아직도 예수님이 맹렬하게 비판하셨던 집단, 즉 바리새인과 서기관의 모습이 남아 있습니다. 많은 책들을 연구하고, 법률을 공부하며, 신앙과 관련된 사안들의 권위자로 자처합니다. 존중을 받으며 '성직자' 소리를 듣습니다. 인사와 칭찬, 재물과 상급, 엄청난 갈채를 받습니다. 그리고 이런저런 행동 유형들을 비판하는가 하면 다른 이들을 판단할 때도 많습니다.

그러기에 예수님이 들려주시는 탕자의 비유를 들으면서 "이 사람이 죄인을 영접하고 음식을 같이 먹는다"는 말로 이야기의 실마리를 제공했던 이들과 내가 무척 닮았다는 사실을 의식할 수밖에 없었습니다.

나에게도 아버지한테 돌아가서 따듯하게 환영받을 기회가 있을까요? 아니면 간절한 소망과는 달리 독선적인 불만의 덫에서 벗어나지 못하고 분노와 원망으로 몸부림치며 아버지의 집으로 들어가기를 한사코 거부하게 될까요?

예수님은 말씀하셨습니다. "너희 가난한 자는 복이 있나니 … 지금 주린 자는 복이 있나니 … 지금 우는 자는 복이 있나니"(눅 6: 20-21). 주님은 기도하셨습니다. "천지의 주재이신 아버지여 이것을 지혜롭고 슬기 있는 자들에게는 숨기시고 어린아이들에게는 나타내심을 감사하나이다"(눅 10:21). 나는 그 '지혜롭고 슬기 있는 자들'에 속할 것입니다. 예수님은 사회의 주류에서 밀려난 주변인들(가난한 이들, 병자들, 죄인들)에게 더 깊은 관심과 사랑을 보이셨습니다. 아무리 생각해도 나를 소외계층이라고 할 수는 없습니다.

복음서를 읽을 때마다 뼈아픈 질문이 마음에 떠오릅니다. "나는 이미 상을 받았는가?" 예수님은 "사람에게 보이려고 회당과 큰 거리 어귀에 서서 기도하기를"(마 6:5) 좋아하는 이들을 호되게 몰아세웠습니다. 그리고 "그들은 자기 상을 이미 받았다"(마 6:5)고 단언하셨습니다. 그동안 기도에 관해 수없이 많은 글을 쓰고 강연을 하면서 청중들의 환호를 마음껏 즐겼던 터라, 그 모든 말씀이 바로 내 이야기일지도 모른다는 불안감을 떨쳐버릴 수가 없습니다.

사실 그것은 나에게 주시는 말씀이 분명합니다. 하지만 큰아들의 이야기는 그 모든 고민스러운 질문들을 새로운 관점에서 보게 합니다. 하나님이 탕자를 맏아들보다 더 사랑하셨던 것은 아니라는 것을 명쾌하게 보여주기 때문입니다. 비유를 가만히 들여다보면 아버지는 작은아들에게 했던 것과 마찬가지로 큰아들한테도 달려나갔습니다. 그리고 안으로 들어가자고 권하며 간곡히 말했습니다. "얘야, 너는 늘 나와 함께 있지 않느냐? 또 내가 가진 모든 것은 다 네 것이 아니냐?"

관심을 두고 가슴 깊이 간직해야 할 말씀이 바로 여기 있습니다. 하나님은 "내 아들!"이라고 부르십니다. '아들'에 해당하는 말로 누가는 '테크논_Teknon_'이라는 헬라어를 사용했습니다. 조제프 A. 피츠마이어에 따르면 이 단어는 '더할 나위 없이 깊은 애정'을 담은 호칭입니다.³ 직역하자면 "내 아이야"쯤으로 해석될 수 있는 표현입니다.

이처럼 애정이 짙게 배어 있는 접근은 이어지는 말씀에서 더 확실하게 드러납니다. 아버지는 큰아들이 거칠고 모질게 대들어도 비난 섞인 꾸지람으로 맞서지 않습니다. 되받아치지도, 잘못을 꼬집는 법도 없습니다. 변명하지 않을뿐더러 큰아들의 처신을 비판하지도 않습니다. 이러니저러니 하는 평가를 단숨에 뛰어넘어 곧바로 친밀한 관계를 강조합니다. "얘야, 너는 늘 나와 함께 있지 않으냐?" 무조건적인 사랑을 여실히 보여주는 이 한마디는 큰아들보다 탕자를 더 사랑했을지도 모른다는 의구심을 단숨에 날려버립니다.

맏이는 집을 떠난 적이 없습니다. 아버지는 큰아들과 모든 것을 다 나누었습니다. 큰아들에게는 그 무엇도 감추지 않았으며 하루하루를 살아가는 삶의 일부로 여겼습니다. 아버지는 "내가 가진 모든 것은 다 네 것이 아니냐?"라고 말합니다. 큰아들을 무한정 사랑한다는 것을 이보다 더 명확하게 보여주는 말이 있을까요? 아버지는 그렇게 무제한적이고 무조건적인 사랑을 두 아들 모두에게 온전히, 그리고 공평하게 쏟아부었습니다.

경쟁 의식을 떨쳐버리고

작은아들이 극적으로 돌아온 것을 아버지가 한없이 기뻐했지만, 그것이 어떤 면으로든 큰아들을 덜 사랑한다거나, 높이 평가하지 않는다거나, 덜 좋아한다는 뜻은 아닙니다. 아버지는 두 아들을 비교하지 않습니다.

각각 걸어온 삶의 여정에 따라 온전한 사랑을 쏟습니다. 형제의 됨됨이와 형편을 속속들이 압니다. 저마다 가진 독특한 은사와 부족한 점들을 꿰고 있습니다. 작은아들의 열정을 사랑의 눈으로 바라봅니다. 비록 제대로 다듬어지지 않아서 간혹 불순종하기는 하지만 개의치 않습니다.

마찬가지로 큰아들의 순종도 같은 마음으로 지켜봅니다. 열정이 부족해서 생동감이 모자라는 것이 아쉽지만 상관하지 않습니다. 큰아들에게 잣대를 들이대지 않는 것처럼, 작은아들에게도 낫고 못함을 가리거나 더하고 덜함을 재려 하지 않습니다. 아버지는 두 아들이 가진 독특한 특성에 맞추어 반응합니다. 작은아들이 고향으로 돌아오자 잔치를 열었습니다. 큰아들이 집으로 돌아오는 걸 보고는 함께 어울려 그 기쁨을 마음껏 누리자고 초대했습니다.

예수님은 "내 아버지 집에 거할 곳이 많도다"(요 14:2)라고 말씀하셨습니다. 거룩한 자녀들은 하나님나라에 저마다 고유한 자리를 가지고 있습니다. 그 하나하나가 모두 주님의 거처입니다. 그러므로 마음에서 비교와 경쟁 의식, 다툼을 모두 비워낸 자리에 하나님의 사랑을 채워야 합니다.

그러자면 신앙의 도약이 필수적입니다. 여태까지는 비교하지 않는 사랑을 체험해본 적이 거의 없으며 거기에 담긴 치유의 능력도 알지 못하기 때문입니다. 집 밖, 어두운 곳에 머무는 한, 비교에서 비롯된 원망과 불평에서 벗어날 길은 없습니다. 빛이 비치지 않는 자리에서는 아버지가 작은아들을 더 사랑하는 것처럼 보입니다. 빛이 없으면 아예 동생이 동생으로 보이지 않을 수도 있습니다.

하나님은 열심히 설득하십니다. 집으로 돌아오라고 하십니다. 빛 속으로 즉시 들어서라고 하십니다. 주님은 그 품안에 안긴 자녀들을 하나하나 특별하고 온전하게 사랑하신다는 것을 믿으라고 하십니다. 거룩한 빛 가운데 발을 들여놓는 순간, 마침내 이웃을 나와 같은 하나님에게 속한 형제로 인식할 수 있게 됩니다.

그러나 하나님의 집 바깥에서는 형제와 자매가, 남편과 아내가, 연인과 친구가 라이벌이 되고 심하면 적으로 변하기도 합니다. 그래서 저마다 질투와 의심, 분노에 끝없이 시달립니다.

잔뜩 화가 난 큰아들이 아버지에게 불평을 늘어놓는 것은 놀랄 일이 아닙니다. "… 나에게는 친구들과 함께 즐기라고, 염소 새끼 한 마리도 주신 일이 없습니다. 그런데 창녀들과 어울려서 아버지의 재산을 다 삼켜버린 이 아들이 오니까, 그를 위해서는 살진 송아지를 잡으셨습니다." 잘 들어보십시오. 큰아들이 느끼는 아픔이 얼마나 큰지 알 수 있지 않습니까?

큰아들은 기쁨을 주체하지 못하는 아버지를 보면서 자존감에 깊은 상처를 받았습니다. 화가 치민 나머지 돌아온 탕자를 동생으로 받아들이지 못합니다. '이 아들'이란 표현만 가지고도 맏이가 아버지는 물론이고 동생과도 거리를 두고 있음을 충분히 짐작할 수 있습니다.

큰아들 눈에는 현실감을 잃어버린 채 처음부터 끝까지 터무니없는 장면을 연출하고 있는 아버지와 동생이 별종으로 보였습니다. 머리에는 동생의 방탕한 생활에 관한 생각들뿐이었습니다. 큰아들 눈에 더 이상 아우는 없었습니다. 아버지도 없었습니다. 둘 다 남이나 다름없었습니다. 동생을 죄인이라고 깔봅니다. 아버지는 종의 주인으로 우러러보고 두려워합니다.

큰아들이 얼마나 바른 길에서 얼마나 멀리 벗어났는지 여기서 알

〈은화 30전을 돌려주는 유다〉 부분, 1629, 유화
—

"진정한 교제는 사라졌습니다. 어둠이 모든 관계에 스며들었습니다. 두려워하든 얕잡아보든,
복종하든 지배하든, 압제자 노릇이든 당하는 사람의 역할이든 그것은 모두 빛의 테두리 바깥에 있는
이들이 선택하는 길입니다. 죄를 고백할 수도, 용서를 받을 수도 없습니다.
사랑을 나누는 관계 따위는 존재하지 않습니다. 참다운 교제는 기대조차 불가능합니다."

수 있습니다. 다른 곳도 아니고 바로 자기 집에서 이방인의 신세가 된 겁니다. 진정한 교제는 사라졌습니다. 어둠이 모든 관계에 스며들었습니다. 두려워하든 얕잡아보든, 복종하든 지배하든, 압제자 노릇이든 당하는 사람의 역할이든 그것은 모두 빛의 테두리 바깥에 있는 이들이 선택하는 길입니다. 죄를 고백할 수도, 용서를 받을 수도 없습니다. 사랑을 나누는 관계 따위는 존재하지 않습니다. 참다운 교제는 기대조차 불가능합니다.

이러한 곤경에 빠진다는 건 고통스럽고 또 고통스러운 일입니다. 어디서도 자연스러움을 찾아볼 수 없습니다. 모든 것이 의심스럽습니다. 자의식이 강해집니다. 계산적이 됩니다. 걸핏하면 넘겨짚습니다. 신뢰가 깃들 여지는 전혀 없습니다. 미미한 움직임에도 곧장 맞대응합니다. 별것 아닌 말도 낱낱이 분석합니다. 사소한 몸짓에도 평가가 따릅니다. 그 모든 것이 어둠의 병리 현상입니다.

탈출구가 있을까요? 그럴 것 같지 않습니다. 적어도 내 경우엔 그랬습니다. 어둠에서 빠져나오려고 발버둥칠수록 사방은 더 어두워졌습니다. 흑암을 몰아낼 빛이 필요하지만 스스로 만들어낼 능력은 없습니다. 나는 나를 용서할 수 없습니다. 사랑받는다는 느낌을 자가 생산하지 못합니다. 제힘으로는 분노의 땅에서 벗어날 수 없습니다. 자력으로는 집으로 돌아가지도, 교제를 나누지도 못합니다.

간절히 바라고, 소망하고, 기다리고, 기도도 해보지만 진정한 자유를 스스로 만들어낼 수는 없습니다.

남은 방도는 누군가에게서 받는 것뿐입니다. 나는 이미 길을 잃었습니다. 목자가 나를 찾아내고 달려와서 집으로 데려가주길 기대할 따름입니다.

탕자의 비유는 나를 만날 때까지 잠시도 쉬지 않고 찾아다니는 하나님의 이야기입니다. 주님은 권면하고 간청하십니다. 죽음의 권세에 의지하지 말고 그토록 소원하는 생명을 얻을 수 있는 곳으로 데려다주는 거룩한 팔에 몸을 맡기라고 사정하십니다.

최근에 구체적으로, 그야말로 온몸으로 큰아들이 집으로 돌아오는 경험을 했습니다. 지나는 차를 얻어 타려고 길가에 섰다가 교통사고를 당했습니다. 눈을 떴을 때 나는 병원에 누워 있었습니다. 죽음의 문턱에서 간신히 살아난 겁니다. 그 순간, 문득 깨달았습니다. 나를 아들 삼으신 분에게 충분히 사랑받지 못했다는 불만을 품고 있는 한, 죽음에서도 자유로울 수 없다는 것을.

웬만큼 성장했다고 생각했는데 아직도 많이 미숙한 모양입니다. 사춘기 아이 같은 불만을 잠재우고 동생들보다 사랑받지 못했다는 거짓말에 속지 말라고 단호하게 명령하는 목소리가 들리는 듯했습니다. 당황스러웠지만 한편으로는 해방감이 들었습니다.

때마침 아버지가 나를 만날 욕심에 고령을 무릅쓰고 네덜란드에서 비행기를 타고 날아왔습니다. 하나님이 주신 아들의 신분을 자랑스럽게 내세울 절호의 기회였습니다. 난생처음, 아버지에게 사랑한다고, 그리고 사랑해줘서 감사하다고 당당하게 고백했습니다. 예전에는 한 번도 입에 올린 적이 없는 말들을 무척 많이 했습니다. 그런 이야기를 하기까지 그토록 긴 세월이 필요했다는 것이 새삼 놀라웠습니다. 아버지 역시 내가 갑자기 왜 그러는지 궁금해하고 심지어는 곤혹스러워하기까지 했지만, 환한 미소로 잘 받아주었습니다.

귀향이라는 영적인 사건을 돌아볼 때마다 집으로 돌아온다는 것은, "필요한 것을 다 채워줄 능력이 없는 인간 아버지에게 기대는 잘못된 태도를 버리고 '애야, 너는 늘 나와 함께 있지 않느냐? 또 내가 가진 모든 것은 다 네 것이 아니냐?'라고 물으시는 하늘 아버지께 의지하는 행위"라는 생각이 듭니다. 불평하고, 비교하며, 원망하는 데서 벗어나 거리낌없이 사랑을 주고받는 자아로 되돌아오는 겁니다. 여태까지 무수한 방해가 있었고 앞으로도 계속되겠지만, 그럼에도 불구하고 집으로 돌아가지 않으면 자신의 삶을 살다 죽을 자유를 누리지 못합니다.

육신의 아버지는 '너그럽게 사랑을 베풀어주지만 그 역시 유한성을 벗어날 수 없는 인간'일 따름입니다. "하늘과 땅에 있는 각 족속에게 이름을 주신 아버지"(엡 3:14-15)께로 돌아간다는 말은 하늘 아버지를 '모든 원한과 분노를 녹이는 무한하고 무조건적인 사랑을 가지셨으며 마음에 들려고 노력하거나 인정받으려고 애쓰는 차원을 넘어 마음껏 사랑하게 하시는 하나님'으로 받아들이는 것을 의미합니다.

신뢰와 감사, 집으로 돌아가는 지름길

큰아들의 귀향이라는 이 개인적인 경험은 원망(누군가를 기쁘게 해주어야 한다는 강박이 낳은 쓰디쓴 열매입니다)에 사로잡힌 이들에게 소망을 줍니다. 누구나 언젠가는 마음속에 있는 큰아들이나 큰딸의 속성을 처리해야 합니다. 핵심은 간단합니다. 집으로 돌아가기 위해 무엇을 할 수 있을까 하는 것입니다. 물론 하나님은 자녀들을 찾아 집으로 데리고 들어가시려고 몸소 달려나오십니다. 하지만 이편에서도 길을 잃었다는 사실을 인정할 뿐만 아니라 주님을 만나서 그 손에 이끌려 집으로 돌아갈 준비를 해야 합니다.

어떻게 하면 될까요? 수동적으로 기다리기만 해서는 안 된다는 것은 두말할 필요조차 없습니다. 비록 제힘으로 차가운 분노에서 벗어날 길은 없다 할지라도, 날마다 구체적으로 신뢰하고 감사하는 훈련을 통해 주님 앞에 모습을 드러내며 거룩한 사랑에 힘입어 건강을 찾을 수 있도록 스스로 분발해야 합니다. 신뢰와 감사는 큰아들이 돌아오는 데 반드시 필요한 훈련입니다. 나 역시 경험을 통해 그 사실을 깨달았습니다.

신뢰가 없으면 아버지 앞에 나타나지 못합니다. 신뢰란 내가 집으로 돌아오기를 하나님이 간절히 바라신다는 사실을 마음 깊이 확신하는 것을 말합니다. 아버지가 두루 찾을 만큼 자신이 소중하다는 점을 의심한다든지 동생들보다 덜 사랑한다고 스스로 비하하는 한, 그분을 만날 수 없습니다.

그러므로 꾸준히 자신에게 이야기해주어야 합니다. "하나님은 너를 찾고 계셔. 너를 찾으러 사방팔방 다 돌아다니실 거야. 너를 말할 수 없이 사랑하시거든. 집으로 돌아오길 학수고대하시지. 너를 곁에 두실 때까지는 잠시도 쉬지 못하실 게 분명해."

하지만 내 안에서는 너무나 어두운 강력한 목소리가 생판 다른 소리를 합니다. "하나님은 나 따위한테는 관심도 없어. 요란스럽게 탈선했다가 회개하고 돌아온 죄인들을 더 좋아하실걸? 동네를 벗어나 본 적이 없는 나에게 무슨 신경을 쓰시겠어. 있어도 그만, 없어도 그만이겠지. 나는 주님이 좋아하는 아들이 아니야. 그분이 진정으로 원하는 걸 주시리라고는 기대도 안 해."

때로는 그 어두운 음성이 너무나 강력해 내가 집으로 돌아오기를 하나님이 바라신다는, 그것도 작은아들이 되짚어 찾아오길 기대하는 것만큼이나 애타게 기다리신다는 진실을 신뢰하는 데 영적으로 엄청난 에너지가 소모됩니다. 몸에 밴 불만을 떨쳐내고 주님이 세상을 샅샅이 뒤져 나를 찾고 계시며 언젠가는 반드시 만나게 될 것이라는 확신 가운데, 생각하며 말하고 행동하려면 실제적인 훈련이 필요합니다. 그러지 않고는 눌러도 눌러도 되살아나는 절망감의 제물이 되기 십상입니다.

"나처럼 별것 아닌 존재를 하나님이 찾아다니실 리가 있겠어?"라는 이야기를 되풀이하는 한, 자기불만이 증폭돼서 목이 메도록 나를 부르시는 거룩한 음성을 전혀 듣지 못하기에 이릅니다. 경우에 따라서는 이처럼 자기 부정의 어두운 내면의 소리를 단호하게 떨쳐버리고 곁길로 빗나갔던 형제자매들에게 하나님이 그러셨던 것처럼 나 또한 그 품에 안아주고 싶어 하신다는 사실을 과감히 주장해야 합니다. 부정적인 소리를 극복하려면 길을 잃었다는 낭패감보다 아버지를 신뢰하는 마음이 훨씬 깊어야 합니다. 예수님은 그 중요성을 이렇게 설명하셨습니다. "내가 너희에게 말하노니 무엇이든지 기도하고 구하는 것은 받은 줄로 믿으라. 그리하면 너희에게 그대로 되리라"(막 11:24). 이렇게 전폭적인 신뢰를 품고 살 때 비로소 하나님이 나의 가장 간절한 소망을 이뤄주실 길이 열립니다.

신뢰와 아울러 감사하는 마음이 있어야 합니다. 감사는 원망과 상반되는 감정입니다. 두 감정은 공존할 수 없습니다. 원망은 삶을 선물로 의식하고 경험하지 못하도록 차단하기 때문입니다. 원망은 마땅히 받아야 할 것을 받지 못했다고 속삭이길 좋아합니다. 언제나 질투의 옷을 입고 나타납니다.

그러나 감사는 '내 것' '네 것'을 초월해 삶 전체가 온전히 선물이라는 진리를 내세웁니다. 예전에는 감사라고 하면 '선물을 받았음을 의식하고 자연스럽게 보이는 반응' 정도로 생각했지만, 지금은 거기에 더하여 '삶으로 실현해내야 할 훈련'임을 깨달았습니다. 감사를 훈련한다는 것은, 존재와 소유 전체를 사랑의 선사품이자 기쁨으로 누릴 선물로 받았다는 것을 마음에 새기기 위해 의지적으로 노력하는 것을 말합니다.

감사 훈련에는 의지적인 선택이 포함됩니다. 아직 정서적으로, 또는 감정적으로 상처와 원망이 마음을 뒤덮고 있는 상황에서도 감사하는 길을 선택할 수 있습니다. 잘 살펴보면 불평하는 대신 감사의 반응을 보여야 할 일이 얼마나 많은지 깜짝 놀랄 겁니다. 비난을 받고 심중에 씁쓸한 아픔이 여전히 남아 있을 때라도 감사를 선택하지 못할 이유가 없습니다. 마음의 눈이 쉴 새 없이 비난할 상대와 추하다고 손가락질할 대상을 찾고 있을지라도 꿋꿋이 선과 아름다움에 관해 이야기하는 편을 선택할 수 있습니다. 복수의 말이 귓가를 맴돌고 증오의 추악한 얼굴이 눈앞에 어른거릴지라도, 용서의 음성에 귀를 기울이고 미소를 머금은 얼굴을 보는 쪽을 선택할 여지는 충분히 남아 있습니다.

원망과 감사 사이에 선택이 있습니다. 하나님은 어둠 속에서 허우적대는 나에게 나타나셔서 집으로 돌아가자고 권하십니다. 사랑이 가득한 음성으로 "얘야, 너는 늘 나와 함께 있지 않느냐? 또 내가 가진 모든 것은 다 네 것이 아니냐?"라고 선포하셨기 때문입니다.

그대로 어둠에 남아 처지가 더 나아보이는 이를 가리키며 지난날 아픔을 가져다주었던 갖가지 불행한 사건들을 탓하면서 원망에 사로잡힌 채 살아가는 길을 선택할 수도 있습니다. 그러나 그 길만 있는 건 아닙니다. 나를 찾아오신 분의 눈을 들여다보며 그 안에서 내 존재와 소유 전체가 순전히 선물임을 깨닫고 깊이 감사하는 길도 열려 있습니다.

실질적인 노력이 뒷받침되지 않으면 감사의 길로 들어서기는 어렵습니다. 그러나 한 번 바른 길을 고르면 다음 선택은 좀 더 쉽고, 더 자유로우며, 덜 겸연쩍습니다. 한 가지 선물에 눈을 뜰 때마다 다음 선물을 인식하게 되고 또 다음으로 이어져서 마침내 가장 일상적이며, 뻔하고, 평범해 보이는 사건이나 만남들조차도 은혜로 가득

차 있음을 깨닫기에 이릅니다. "작은 일에 고마워할 줄 모르는 사람은 큰일에도 감사하지 않는다"는 에스토니아 속담이 생각나는 대목입니다. 감사는 더 큰 감사를 불러옵니다. 모든 것이 은혜임을 하나씩 드러내주기 때문입니다.

신뢰와 감사에는 두 쪽 다 위험을 무릅쓸 용기가 필요합니다. 혼란과 원망은 나를 계속 그 영향권 안에 묶어둘 속셈으로 면밀한 계산과 안전한 예측을 포기하는 것이 얼마나 위험한 일인지 지속적으로 경고하기 때문입니다. 따라서 신뢰와 감사가 제대로 작동하려면 여러 가지 측면에서 신앙의 도약을 이루어내야 합니다. 용서하지 않을 것이 분명한 이에게 예의 바른 편지를 써 보내고, 거부했던 상대에게 전화를 걸며, 똑같이 반응할 줄 모르는 이에게 다독이는 말을 해야 합니다.

신앙의 도약이란 언제나 사랑받기를 바라지 않고 사랑하며, 돌려받을 생각 없이 먼저 주고, 초대받기를 기대하지 않고 초청하며, 마주 붙들어주길 요구하지 않고 잡아주는 것을 의미합니다. 미미하나마 신앙이 도약할 때면 어김없이 반갑게 달려나와 거룩한 기쁨(나뿐만 아니라 형제자매들이 함께 누리는)으로 이끄시는 분이 언뜻 눈에 들어옵니다. 이처럼 신뢰하고 감사하는 훈련은 원망과 불평을 몰아내고 하늘나라 잔치자리에 나를 부르셔서 그 오른편에 앉히고 싶어 속태

우는 하나님의 모습을 선명하게 보여줍니다.

누가 진짜 큰아들인가?

큰아들의 귀향은 내게 작은아들이 집으로 돌아온 사건만큼이나(그보다 '더'는 아닐지라도) 중요해졌습니다. 불평에서, 분노와 원망에서, 질투에서 자유로워진 큰아들의 모습은 어땠을까요? 큰아들이 어떤 반응을 보였는지에 관해서는 한마디 언급조차 없으므로, 비유만 가지고는 아버지의 권면에 귀를 기울였는지, 또는 자기 부정적인 감정에 갇힌 채 버티는 쪽을 선택했는지는 정확히 알 수 없습니다.

어떤 선택을 할 수 있을지 곰곰이 돌아볼수록 예수님과 렘브란트가 바로 나의 회심을 염두에 두고 이 비유를 들려주시고 그렸음을 실감하게 됩니다. 그러나 한편으로는 이 말씀을 전하신 주님 자신이 작은아들이자 곧 큰아들이라는 사실 역시 더욱 분명해집니다. 그리스도는 아버지의 사랑을 보여주고 원한의 굴레에서 나를 해방시키러 세상에 오셨습니다. 예수님이 하신 말씀을 찬찬히 들여다보면, 주님은 하늘 아버지와 온전히 교제하는 사랑스러운 아들이었음을 알 수 있습니다. 부자지간에는 거리감도, 두려움도, 의심도 없습니다.

"얘야, 너는 늘 나와 함께 있지 않느냐? 또 내가 가진 모든 것은 다 네 것이 아니냐?"라는 비유 속 아버지의 말은 성부 하나님과 성자 예수님의 진실한 관계를 정확히 묘사하고 있습니다. 예수님은 아버지께 속한 모든 영광은 '독생자의 영광'(요 1:14)이라고 여러 차례 확언했습니다. 뿐만 아니라 "아버지의 권능을 힘입어서, 선한 일을 많이"(요 10:32, 새번역) 보여주었습니다.

아버지와 아들 사이에는 단절이 없습니다. 아버지와 아들은 하나입니다(요 17:22). 하시는 일의 구별도 없습니다. 아버지는 "아들을 사랑하사 만물을 다 그의 손에"(요 3:35) 맡겼습니다. 다툼도 없습니다. "내가 내 아버지께 들은 것을 다 너희에게 알게 하였음이라"(요 15:15). 질투도 없습니다. "아들이 아버지께서 하시는 일을 보지 않고는 아무것도 스스로 할 수 없나니 아버지께서 행하시는 그것을 아들도 그와 같이 행하느니라"(요 5:19).

아버지와 아들 사이에는 완전한 연합이 있습니다. "내가 아버지 안에 거하고 아버지께서 내 안에 계심을 믿으라"(요 14:11). 예수님을 믿는다는 것은 곧 아버지가 아들을 보내셨으며 그 안에서, 그리고 그를 통해 흘러넘치는 하나님의 사랑이 나타난다는 것을 신뢰한다는 뜻입니다.

예수님이 들려주신 사악한 농부들의 비유에서도 이러한 사실이 잘 드러납니다. 포도원 주인은 소출 가운데 자기 몫을 거두러 몇 차례에 걸쳐 종을 보낸 뒤에 마지막으로 '사랑하는 아들'을 파견하기로 작정했습니다. 하지만 소작인들은 상속자를 알아보고 그를 죽이고 유산을 차지할 계획을 도모했습니다. 여기서 종이 아니라 사랑하는 아들로서 아버지께 순종하며 그분과 온전히 하나가 되어 거룩한 뜻을 이뤄가는 참아들의 전형을 볼 수 있습니다.

그러므로 예수님은 하늘 아버지의 맏아들입니다. 아버지는 모든 원망하는 자녀들에게 끊임없는 사랑을 보여주고 집으로 돌아오는 길을 제시하기 위해 그 아들을 보내셨습니다.. 예수님은 불가능을 가능하게 하는, 빛을 보내 어둠을 몰아내는 하나님의 방법입니다. 그 빛과 마주하는 순간, 더할 나위 없이 뿌리 깊은 원망과 불평도 흔적도 없이 사라지고 맙니다. 예수님 안에서 아들의 충만한 빛을 볼 수 있습니다. 렘브란트가 그린 맏아들을 다시 바라봅니다. 얼굴에 드리운 차가운 빛은 얼마든지 깊고 따듯해질 수 있습니다. 그 빛은 큰아들을 온전히 변화시켜 진정 '하나님의 은혜를 입은 사랑하는 아들'로 만들어줍니다.

THE
FATHER
아버지

3

그가 아직도 먼 거리에 있는데, 그의 아버지가 그를 보고 측은히 여겨서, 달려가 그의 목을 껴안고, 입을 맞추었다. 아들이 아버지에게 말하였다.
"아버지, 내가 하늘과 아버지 앞에 죄를 지었습니다. 이제부터 나는 아버지의 아들이라고 불릴 자격이 없습니다." 그러나 아버지는 종들에게 말하였다.
"어서, 가장 좋은 옷을 꺼내서, 그에게 입히고, 손에 반지를 끼우고, 발에 신을 신겨라. 그리고 살진 송아지를 끌어내다가 잡아라. 우리가 먹고 즐기자. 나의 이 아들은 죽었다가 살아났고, 내가 잃었다가 되찾았다." 그래서 그들은 잔치를 벌였다. … 아버지가 나와서 그를 달랬다. … 아버지가 그에게 말하였다. "얘야, 너는 늘 나와 함께 있으니 내가 가진 모든 것은 다 네 것이다. 그런데 너의 이 아우는 죽었다가 살아났고, 내가 잃었다가 되찾았으니, 즐기며 기뻐하는 것이 마땅하다." _ 눅 15:30-24, 28, 31-32

… REMBRANDT AND
THE FATHER

렘브란트, 그리고 아버지

　에르미타주 미술관, 그중에서도 〈탕자의 귀향〉 정면에 앉은 채, 작가가 묘사한 장면에 몰입하고 있는 동안에도 수많은 단체 여행객들이 지나갔습니다. 그림을 감상하는 시간은 기껏해야 1분 남짓이었지만 가이드들은 마치 입을 맞추기라도 한 것처럼 그 작품이 너그러운 아버지를 표현하고 있으며 렘브란트가 신산스러웠던 삶을 마무리하는 시점에 그린 후기작 가운데 하나라고 소개했습니다.

　그렇습니다. 아마도 그게 이 작품을 한마디로 압축한 말일 겁니다. 〈탕자의 귀향〉은 인류를 불쌍히 여기시는 하나님의 따뜻한 마음을 인간에 대입해 표현한 그림입니다.

어쩌면 〈탕자의 귀향〉 대신 '인정 많은 아버지의 환영'이라는 제목을 붙이는 편이 더 정확할지 모릅니다. 아들보다는 아버지 쪽을 더 강조하고 있기 때문입니다. 사실은 비유 역시 '아버지의 사랑에 관한 비유'[1]라고 부르는 것이 맞습니다.

렘브란트가 아버지를 그려낸 기법을 지켜보면서 온유, 자비, 용서 같은 성품을 내면적으로 전혀 새로운 차원에서 이해하게 되었습니다. 과연 측은히 여기시는 하나님의 무한한 사랑이 이처럼 통렬한 방식으로 표현된 작품이 또 있을까 싶을 정도입니다. 아버지라는 인물의 세부묘사 하나하나(얼굴 표정, 자세, 옷의 색감, 무엇보다도 손놀림)가 인류를 향해 하나님이 쏟아부으시는 사랑, 태초부터 존재했으며 앞으로도 변치 않을 하나님의 애정을 웅변하고 있기 때문입니다.

렘브란트의 사연과 인류의 역사, 하나님의 이야기가 이 한 점에서 만납니다. 시간과 영원이 교차되고 죽음과 영원한 삶이 가까워지다가 마침내 한데 얽힙니다. 죄와 용서가 꼬리에 꼬리를 물고 이어집니다. 인간적인 요소와 거룩한 속성이 하나가 됩니다.

렘브란트가 그린 아버지의 초상에서 그처럼 거부할 수 없는 힘이 느껴지는 것은, 견줄 수 없을 만큼 거룩한 요소를 가장 인간적인 틀 안에 포착하고 있기 때문입니다. 거의 시력을 잃은 노인을 보십시오. 구레나룻을 길렀고 턱수염은 두 갈래로 나뉘었습니다. 금실로 수놓은 웃옷에 심홍색 외투를 두르고 있습니다. 큼지막하고 뻣뻣한 두 손은 돌아온 아들의 어깨에 올려져 있습니다. 묘사가 대단히 구체적이고 분명해서 직접 현장에 같이 있는 것 같은 느낌이 듭니다.

하지만 그와 더불어 우주 만물을 지으신 아버지로부터 나오는 끝없는 동정심과 무조건적인 사랑, 영원한 용서(바로 하나님의 속성입니다)를 볼 수 있습니다. 〈탕자의 귀향〉은 인간의 특질과 하나님의 성품, 연약함과 강고함, 노쇠함과 영원한 젊음을 온전히 그려내고 있습니다. 렘브란트의 천재성이 빛을 발하는 대목입니다. 영적인 진리는 인물 속에 완벽하게 체화되어 있습니다. 폴 보디케Paul Baudiquet는 이를 가리켜 "렘브란트의 영성은 대상으로부터 가장 강렬하고 빛나는 요소들을 끌어냈다"[2]고 했습니다.

렘브란트가 하나님의 사랑을 전달하기 위해 거의 앞을 보지 못하는 노인을 선택한 점은 대단히 중요한 의미를 갖습니다. 화가는 하나님의 자비로운 사랑을 그려내면서 예수님이 들려주신 이야기와 오랜 세월 그 비유를 해석해온 방식을 기본 모티브로 삼았습니다. 이건 두말할 것도 없이 확실합니다. 하지만 그처럼 독특한 표현방식을 채택할 수 있었던 것은 렘브란트의 개인사 덕분이었다는 사실 또한 놓쳐서는 안 됩니다.

폴 보디케는 "젊어서부터 렘브란트의 직업은 단 하나, 늙어가는

〈새끼 염소를 훔쳤다고 토비트에게 질책당하고 있는 안나〉 부분, 1626, 유화
〈'은화 30전을 돌려주는 유다〉 부분, 1629, 유화 | 〈책상 앞에 앉은 사도 바울〉, 1627, 유화
—
"렘브란트가 하나님의 사랑을 전달하기 위해 거의 앞을 보지 못하는 노인을
선택한 점은 대단히 중요한 의미를 갖습니다."

것뿐이었다"³고까지 했습니다. 어찌됐든, 렘브란트가 나이 든 이들에게 늘 관심을 보였던 것만큼은 확실합니다. 청년기 이래로 줄곧 노인들을 스케치하고, 새기고, 그렸으며 차츰 대상이 가진 내면의 아름다움에 매료되어갔습니다. 렘브란트의 노인 초상 가운데 단연 돋보이는 작품은 만년에 그린 매력적인 자화상들이었습니다.

가정사는 물론 일과 관련해서도 여러 어려움을 겪은 뒤로 렘브란트는 시력을 잃은 이들에게 특별한 애착을 보였습니다. 내면화된 빛을 화폭에 옮기는 데 관심을 갖게 되면서 작가는 본질을 직관하는 인물로 앞을 보지 못하는 이들을 그리기 시작했습니다. 토비트와 눈이 거의 멀다시피 한 시므온에 매료되어 그들을 여러 번 화제畵題로 삼았습니다.

삶에 노년의 그늘이 드리우고, 화려했던 성공이 이울기 시작하고, 겉으로 드러나는 빛이 퇴색하면서 화가는 내면 생활의 광대한 아름다움에 눈을 떴습니다. 거기서 절대로 사위지 않는 화톳불, 즉 사랑의 불꽃에서 비롯된 빛을 찾았던 겁니다. 렘브란트의 예술은 더 이상 "눈에 보이는 대상을 포착해서, 정복하고, 통제하는 데" 목표를 두지 않고 "가시적인 존재를 화가의 독특한 심상에서 나오는 사랑의 불꽃으로 변형시키는"⁴ 데 초점을 맞추었습니다.

렘브란트의 마음은 아버지의 심정이 되었습니다. 고통으로 점철

렘브란트 자화상들

—

"삶에 노년의 그늘이 드리우고, 화려했던 성공이 이울기 시작하고,
겉으로 드러나는 빛이 퇴색하면서 화가는 내면생활의 광대한 아름다움에 눈을 떴습니다.
거기서 절대로 사위지 않는 빛을 찾았던 겁니다."

된 세월을 보내는 동안 차츰 강렬해져서 작가의 내면에서 환한 빛을 내게 된 불꽃은 작은아들을 환영하는 아버지의 마음속에서도 똑같이 타올랐습니다.

이제는 작가가 비유를 있는 그대로 그리지 않은 이유를 알 것 같습니다. 누가는 "그가 아직도 먼 거리에 있는데, 그의 아버지가 그를 보고 측은히 여겨서, 달려가 그의 목을 껴안고, 입을 맞추었다"고 했습니다. 초기의 렘브란트는 대단히 극적인 움직임을 담고 있는 이 사건을 판화로 새기고 캔버스에 옮기기도 했습니다. 하지만 죽음이 다가오는 시점에 이르자 육신의 눈이 아니라 마음에 자리잡은 내면의 시선으로 아들을 알아보는 평온한 아버지의 초상을 그리는 쪽으로 선회했습니다.

집으로 돌아온 아들의 등을 어루만지는 두 손은 마음으로 세상을 보는 아버지의 도구처럼 보입니다. 육신의 눈이 거의 감기다시피 한 아버지는 오히려 더 멀리, 그리고 널리 봅니다. 그것은 인류 전체를 아우르는 영원한 시선입니다. 시간과 장소, 성별을 초월해서 모든 이들의 상실과 방황을 살핍니다. 집을 떠나는 쪽을 선택한 자녀들이 겪는 아픔을 알고 말할 수 없을 만큼 가슴 아파하는 눈길입니다. 정신적인 고통과 고뇌에 사로잡혀 있는 모습을 보고 바다를 이루도록 눈물을 쏟습니다. 아버지의 마음은 길 잃은 자식을 집으로 데려오려는 열망으로 뜨겁게 타오릅니다.

아버지는 자녀들에게 얼마나 이야기해주고 싶었는지 모릅니다. 앞길에 도사리고 있는 위험을 알려주고 싶어 몸살이 날 지경이었습니다. 사방팔방 돌아다니며 찾고 있는 것들이 집에 다 있다는 사실을 믿게 하려고 무척 애썼습니다. 아버지의 권위를 동원해 자식들을 다시 데려오고 싶었습니다. 슬하에 두고 상처받지 않게 해주고 싶은 마음이 굴뚝같았습니다.

하지만 그러기에는 사랑이 너무 컸습니다. 한없이 사랑하므로 강요할 수도, 속박할 수도, 밀어붙일 수도, 끌어당길 수도 없었습니다. 도리어 그 사랑을 거부하든지 아니면 집으로 돌아오든지 선택할 자유를 주었습니다. 하나님을 그토록 고통스럽게 하는 근원은 그 끝을 알 수 없는 사랑이었습니다. 하늘과 땅을 지으신 창조주는 우선, 그리고 무엇보다도 아버지가 되기로 작정하셨습니다.

아버지 하나님은 자녀들이 자유로워지기를, 자유로이 사랑하기를 바랍니다. 거기에는 자식이 집을 떠나 '먼 지방'으로 가서 모든 재산을 탕진할 가능성이 포함되어 있습니다. 아버지는 내심 그런 선택이 불러올 극심한 고통을 알고 있지만 사랑에 가로막혀 하릴없이 바라만 봅니다.

아버지로서 당연히 자녀들이 모두 집에 머물며 함께 즐기며 거룩한 사랑을 만끽하길 소망합니다. 그럼에도 불구하고 그저 사랑을 베풀 뿐, 받아들이는 건 자녀들의 선택에 맡깁니다. 마음은 멀리 떠났으면서 입술로만 공경하는 걸 보면서(마 15:8; 사 29:13) 말로 다 할 수 없는 아픔을 느낍니다. "입으로 그에게 아첨하며 자기 혀로 그에게 거짓을 말하는"(시 78:36-37) 것을 꿰뚫어보시지만 진정한 부성을 가졌기에 사랑을 강요하지 못하십니다.

아버지로서 하나님이 스스로 내세우시는 권위가 있다면 측은히 여기는 권위가 전부입니다. 자녀들의 죄를 붙들고 마음 아파하는 데서 오는 권위입니다. 아들딸들이 속에 품고 있는 정욕과 탐심, 분노, 원한, 질투, 앙갚음하려는 의지 따위는 하나같이 아버지에게 커다란 슬픔을 안깁니다. 워낙 맑고 순전한 분이므로 그 고통은 견디기 어려울 만큼 큽니다. 사랑으로 인간의 모든 아픔을 끌어안는 중심 깊은 곳으로부터 아버지는 자녀들에게 손을 내밉니다. 내면의 빛이 담긴 손길로 어루만지며 어떻게 해서든 상처를 치유해주려 하십니다.

내가 믿고 싶어 하는 하나님이 여기에 있습니다. 만물을 처음 지으시던 때부터 팔을 내밀어 니그러운 은총을 베푸시는 아버지입니다. 누구에게도 그 뜻을 강요하지 않고 늘 기다립니다. 아무리 실망스러워도 축복을 거두는 법이 없습니다. 하루빨리 자녀들이 돌아와 그 어깨에 피곤한 두 팔을 내려놓고 사랑을 속삭이게 되길 늘 고대

합니다. 아버지에게 소망이 있다면 복을 빌어주는 것뿐입니다.

축복한다는 뜻의 라틴어는 '베네디체레*benedicere*'인데, 직역하자면 '좋은 말을 하다'라는 뜻입니다. 하늘 아버지는 목소리보다 어루만짐을 통해 자녀들에게 좋은 말씀을 들려주고 싶어 하십니다. 벌주시려는 생각은 전혀 없습니다. 안팎으로 방황하면서 이미 넘치도록 벌을 받았기 때문입니다.

아버지는 다만 자녀들이 그토록 비뚤어진 방식으로 찾아 헤매왔던 사랑이 늘 가까이에 있었고, 지금도 마찬가지며, 앞으로도 그럴 것임을 알려주길 바랄 뿐입니다. 아버지는 입보다 손으로 말씀하길 좋아합니다. "사랑하는 아들아, 내가 네게 은혜를 베푸노라." 주님은 "양 떼를 먹이시며 어린양을 그 팔로 모아 품에 안으시며 젖먹이는 암컷들을 온순히"(사 40:11) 인도하시는 목자와도 같습니다.

렘브란트의 작품 〈탕자의 귀향〉의 참된 중심은 아버지의 손에 있습니다. 가장 밝은 빛이 그 위를 비추고 있습니다. 구경꾼들의 시선도 거기에 쏠렸습니다. 그 안에서 자비로운 사랑이 구현되었습니다. 거기서 용서와 화해, 치유가 일어납니다. 탈진한 아들뿐만 아니라 지친 아버지도 두 손을 통해 안식을 얻습니다.

시몬의 사무실 문짝에서 그 포스터를 처음 보았을 때부터 그 손에 끌렸습니다. 그때는 그 까닭을 정확히 알지 못했습니다. 그러나 세월이 지나면서 차츰 그 손의 존재를 선명하게 의식하게 됐습니다. 아버지의 두 손은 내가 모태에 조성될 때부터 나를 붙들어주었으며, 태어나는 순간에 환영해주었고, 어머니의 품에 안겨주었으며, 잘 먹이고 따뜻하게 보살펴주었습니다. 위험이 닥칠 때면 어김없이 지켜주었으며 슬픔에 잠길 때마다 위로해주었습니다.

잘 가라고 흔들어 인사하고 돌아오면 반갑게 맞아주었습니다. 그건 바로 하나님의 손입니다. 동시에 부모, 스승, 친구, 의사처럼 하나님이 나를 안전하게 지키신다는 사실을 기억하도록 보내주신 모든 이들의 손이기도 합니다.

아버지와 축복을 베푸는 두 손을 그리고 얼마 후, 렘브란트는 세상을 떠났습니다.

렘브란트의 손은 이루 헤아릴 수 없을 만큼 많은 인물의 얼굴과 손을 화폭에 담았습니다. 마지막 작품들 가운데 하나인 이 그림에서는 하나님의 얼굴과 손을 그렸습니다. 과연 누가 하나님을 담은 이 등신대 초상화의 모델이었을까요? 렘브란트 자신이었을까요?

〈탕자의 귀향〉은 자화상이지만 전통적인 의미에서는 조금 벗어나 있습니다. 사실 렘브란트의 얼굴은 몇 차례 작품에 등장합니다. 사창가에 앉은 탕자나 무섭게 파도치는 호수 위에서 겁에 질려 있는 제자 가운데 하나로 등장하기도 하고 예수님의 주검을 십자가에서 끌어내리는 인물들 속에 끼기도 합니다.

하지만 여기에 투영된 것은 렘브란트의 얼굴이 아니라 그의 심령, 여러 차례 죽음의 고통을 겪어낸 아버지의 영혼입니다. 63년의 생을 살면서 렘브란트는 사랑하는 아내 사스키아가 세상을 떠나는 걸 목격했을 뿐만 아니라 세 아들과 두 딸, 그리고 함께 살았던 두 여인의 죽음까지 지켜보았습니다. 눈에 넣어도 아프지 않을 만큼 사랑했던 아들 티투스는 혼인한 지 얼마 지나지도 않아 스물여섯 젊디젊은 나이로 삶을 마감했습니다.

렘브란트는 그 뼈아픈 슬픔을 단 한 번도 드러낸 적이 없지만, 〈탕자의 귀향〉 속 아버지를 보면 그가 얼마나 눈물을 쏟았을지 짐작하고도 남습니다. 그림 속에서 렘브란트는 하나님을 상징하는 인물로 형상화되어 있습니다. 화가는 스스로 길고 고통스러운 싸움들을 치르면서 주인공의 진면목을 포착해냈습니다. 그것은 깊은 상처를 입고 돌아온 아들을 앞에 두고 말없이 눈물지으며 은혜를 베푸는 아버지, 그것도 거의 앞을 보지 못하게 된 노인의 모습이었습니다. 렘브란트는 처음엔 그 아들이었다가 차츰 아버지가 되었습니다. 영원한 생명에 들어갈 준비를 마친 겁니다.

THE FATHER
WELCOMES HOME
반가이 맞아주시는 아버지

 종종 친구들한테 렘브란트의 〈탕자의 귀향〉을 보여주고 첫인상을 묻곤 합니다. 십중팔구는 방탕한 자식을 용서한 지혜로운 노인, 사랑이 넘치는 가장 이야기를 먼저 꺼냅니다.

그런데 그 '가장'의 모습을 보면 볼수록, 하나님을 단순히 지혜로운 노老 가장으로 표현한 차원을 넘어 무언가 전혀 다른 메시지를 전하려 했음이 더욱 분명하게 드러납니다.

실마리는 손에 있습니다. 두 손은 정말 판이합니다. 아들의 어깨에 닿은 아버지의 왼손은 강하고 억세 보입니다. 손가락을 펼쳐 탕자의 어깨와 등을 상당 부분 가리고 있습니다. 마디마디에 적잖이 힘이 들어가 있는 게 눈에 띕니다. 특히 엄지손가락이 그렇습니다.

그저 만지는 데 그치지 않고 힘을 주어 단단히 부여잡고 있는 것 같습니다. 물론 왼손으로 아들을 다독이는 모습에서는 부드러움이 넘치지만 그러쥔 느낌은 여전합니다.

하지만 오른손은 아주 딴판입니다. 부여잡거나 움켜쥐지 않습니다. 세련되고, 부드럽고, 대단히 다정합니다. 손가락들을 가지런히 모으고 있어 우아한 분위기가 납니다. 아들의 어깨에 사뿐히 올려놓았다고 해야 할까요? 어루만지고 토닥이며 위로와 위안을 주는 것처럼 보입니다. 그건 어머니의 손입니다.

아버지일 뿐만 아니라 어머니인 하나님

평론가들 가운데는 억센 왼손은 화가의 손이고 여성적인 오른손은 비슷한 시기에 그린 '유대인 신부新婦'[1]의 것과 비슷하다고 주장하는 이들이 있습니다. 개인적으로는 충분히 신빙성 있는 이야기라고 봅니다.

아버지의 두 손이 서로 다르다는 점을 깨닫기가 무섭게 새로운 의미의 세계가 열렸습니다. 아버지는 그저 '대단한 가장' 정도가 아니었습니다. 아버지이면서 동시에 어머니였습니다. 남성의 손과 여성의 손으로 아들을 어루만지고 있습니다.

아버지의 손은 부여잡고 어머니의 손은 쓰다듬습니다. 아버지는

〈탕자의 귀향〉 부분, 1668, 유화

—

"아버지의 두 손이 서로 다르다는 점을 깨닫기가 무섭게 새로운
의미의 세계가 열렸습니다. 아버지는 그저 '대단한 가장' 정도가 아니었습니다.
아버지면서 동시에 어머니였습니다. 남성의 손과 여성의 손으로
아들을 어루만지고 있습니다."

확신을, 어머니는 위안을 줍니다. 아버지는 남성성과 여성성, 부성과 모성을 두루 가진 하나님을 상징합니다. 부드럽게 쓰다듬는 손길은 이사야서의 말씀을 떠올리게 합니다. "여인이 어찌 그 젖 먹는 자식을 잊겠으며 자기 태에서 난 아들을 긍휼히 여기지 않겠느냐. 그들은 혹시 잊을지라도 나는 너를 잊지 아니할 것이라. 내가 너를 내 손바닥에 새겼고 너의 성벽이 항상 내 앞에 있나니"(사 49:15-16).

내 친구 리처드 화이트는 아들의 등을 어루만지는 아버지의 여성스러운 손길은 탕자의 상처투성이 맨발과 대비를 이루는 반면, 억센 손은 샌들을 신은 발과 대조된다고 지적합니다. 한 손으로 아들의 연약한 부분을 감싸고 다른 한 손으로는 삶을 헤쳐나가려는 아들에게 힘과 소망을 북돋아주고 있다고 보면 지나친 해석일까요?

아버지가 입고 있는 큼지막한 붉은 외투도 짚고 넘어갈 필요가 있습니다. 색깔이 따뜻한데다 모양도 아치를 닮아서 깃들이기 좋은 환영의 공간 같은 느낌을 줍니다. 처음에는 구부정한 아버지의 몸을 감싸고 있는 외투가 고단한 나그네들을 불러 쉬어가게 하는 장막처럼 보였습니다. 하지만 계속해서 그 붉은 망토를 살피면서 천막보다 더 강렬한 이미지를 떠올리게 됐습니다. 새끼를 품고 지키는 어미새의 날개가 생각납니다.

불현듯 하나님의 어머니다운 사랑에 관해 예수님이 들려주신 말씀이 생각납니다. "예루살렘아 예루살렘아 선지자들을 죽이고 네게 파송된 자들을 돌로 치는 자여 암탉이 그 새끼를 날개 아래에 모음 같이 내가 네 자녀를 모으려 한 일이 몇 번이더냐. 그러나 너희가 원하지 아니하였도다"(마 23:37).

하나님은 밤낮으로 나를 안전하게 지키십니다. 마치 암탉이 병아리를 날개 아래 안락하게 품는 것 같습니다. 하늘 아버지가 자녀들에게 주시는 안전을 표현하기에는 천막보다는 어미 새의 날개 이미지 쪽이 훨씬 더 가깝습니다. 보살핌과 보호 속에서 안전하게 쉴 수 있는 자리를 압축해 보여주기 때문입니다.

렘브란트의 그림에서 천막, 또는 날개 같은 외투를 볼 때마다 하나님의 사랑에 담긴 어머니의 속성이 감지됩니다. 순간, 시편 기자의 영감 어린 노래가 입에서 흘러나옵니다.

> 지존자의 은밀한 곳에 거주하며
> 전능자의 그늘 아래에 사는 자여,
> 나는 여호와를 향하여 말하기를
> 그는 나의 피난처요 나의 요새요
> 내가 의뢰하는 하나님이라 하리니
> …

그가 너를 그의 깃으로 덮으시리니

네가 그의 날개 아래에 피하리로다(시 91:1-4).

이처럼 대가족을 이끄는 연로한 가장의 모습 이면에는 아들을 반갑게 맞아들이는 어머니 같은 아버지의 성품이 깔려 있습니다.

지금은 렘브란트의 그림에서 집으로 돌아온 아들에게 몸을 숙이고 그 어깨를 어루만지는 노인을 볼 때면, "달려가 그의 목을 껴안고" 있는 아버지뿐만 아니라, 온몸으로 자식을 따듯하게 감싸안은 채 자궁(거기서 그 아들이 나왔습니다) 쪽으로 끌어당기고 있는 어머니의 모습도 함께 보입니다. 요컨대 '탕자의 귀향'은 곧 '하나님의 자궁으로의 복귀'이지 '존재의 근원으로의 회귀'가 되었습니다. 예수님이 니고데모에게 주셨던 위로부터 거듭나야 한다는 가르침이 생각나는 대목입니다.

이제는 하나님을 그린 이 초상화에 담긴 거대한 평안에 관해서도 잘 알게 되었습니다. 여기에는 감상도, 낭만도, 해피 엔딩으로 마무리되는 단순화된 이야기도 없습니다. 자기 형상대로 만든 자녀를 다시 자궁 속으로 받아들이는 어머니로서의 하나님이 보일 뿐입니다. 거의 앞을 보지 못하는 눈, 손, 외투, 구부정한 몸 등은 하나같이 주님의 어머니다운 사랑을 연상시킵니다. 슬픔과 갈망, 소망, 그리고 끝없는 기다림으로 점철된 사랑입니다.

어머니로서의 하나님은 한없는 긍휼로 자신과 자녀들의 삶을 영원히 연결해놓으셨습니다. 이보다 더 신비로운 사건이 또 있을까요? 피조물들에게 자유를 선물로 주시고 도리어 그 뜻을 존중해주는 길을 택하신 겁니다. 그처럼 특별한 선택을 하신 탓에 아들딸들이 고향을 떠나면 아파할 수밖에 없습니다. 집을 나갔던 이들이 되돌아올 때는 말할 수 없이 기뻐하십니다. 하지만 그건 옹근 기쁨이 아닙니다. 어머니 하나님으로부터 생명을 선사받은 자녀들이 모두 본향으로 돌아와 주님이 차려놓은 잔칫상에 함께 둘러앉을 때까지 아직 완전한 기쁨은 없습니다.

그리고 여기에는 큰아들도 포함됩니다. 렘브란트는 맏이를 얼마쯤 떨어진 자리에 배치했습니다. 빛의 동심원 가장자리, 아버지의 풍성한 외투자락이 미치지 않는 지점입니다. 아버지가 자신과 동생을 비교하지 않고 똑같이 사랑하신다는 사실을 받아들여야 할지 또는 거부해야 할지, 큰아들은 딜레마에 빠졌습니다. 아버지가 그분의 방식대로 쏟아부어 주는 사랑을 덥석 받아들일 것인지, 아니면 스스로 합당하다고 생각하는 형태로 사랑받기를 고집할 것인지 선택해야 합니다.

아버지는 여전히 손을 내민 채 기다리지만 결정은 아들에게 맡기고 강요하지 않습니다. 큰아들은 선뜻 무릎을 꿇고 아버지가 동생을 어루만지던 그 손으로 자신을 다독여주길 요청할까요? 허물을 용서받으며 비교하지 않고 사랑을 베푸는 아버지의 손길을 통해 치유의 역사를 경험할 수 있을까요? 누가는 비유를 기록하면서 아버지가 두 아들 모두에게 달려갔음을 분명히 했습니다. 엇나갔다 돌아온 작은 아들을 환영하러 달려나갔을 뿐만 아니라, 밭에서 돌아오는 길에 집 안에서 흘러나오는 풍악소리를 듣고 황당해하는 큰아들도 달려 나가 맞았으며 안으로 들어가자고 간곡히 권했습니다.

더도 덜도 없다

사건의 전모를 파악하고 그 의미를 완전히 파악하는 일은 매우 중요합니다. 아버지는 집으로 돌아온 작은아들을 보고 기쁨을 주체하지 못하면서도 큰아들을 잊지 않았습니다. 맏이를 무시한 적도 없습니다. 너무도 행복한 나머지 먼저 잔치를 시작했지만, 큰아들이 도착했다는 소릴 듣기가 무섭게 자리를 박차고 나가 함께 즐거워하자고 소맷부리를 잡아끌었습니다.

질투심에 속이 뒤틀린 큰아들은 무책임한 동생한테 더 많은 관심이 쏠리는 걸 보고 아버지가 자신을 덜 사랑한다고 단정했습니다. 하지만 아버지의 마음은 아들 사이에 더하고 덜하고를 가리는 식으로 나뉜 적이 없습니다. 작은아들이 집에 돌아왔을 때 아버지가 보인 자유롭고 자연스러운 반응에는 어떤 면으로도 큰아들과 비교하는 마음을 찾아볼 수 없습니다. 오히려 아버지는 큰아들이 함께 어울려 기뻐해주길 진심으로 바랐습니다.

나로서는 쉬 납득이 가지 않는 일입니다. 얼마나 똑똑한지, 얼마나 잘생겼는지, 얼마나 출세했는지 등급을 매겨가면서 끊임없이 비교하는 세상에 살면서 누군가와 견주지 않는 사랑이 선뜻 믿기지 않았습니다. 다른 이를 칭찬하는 소릴 들으면서 '맞아, 난 저런 소릴 들을 자격이 없어'라고 인정하기는 쉽지 않습니다. 착하고 온유한 누군가에 관한 글을 읽을 때면 '나도 그 정도는 선하고 따듯하게 살지 않았을까?' 하고 스스로 묻게 됩니다. 특별한 일을 해낸 인물들이 트로피나 상금, 상품 따위를 받는 걸 보면 '어째서 나한테는 그런 일이 생기지 않는 걸까?'라는 생각이 절로 떠오릅니다.

내가 태어나서 성장한 이 세계는 성적과 점수, 통계로 가득 차 있어서 의식적으로든 무의식적으로든 늘 다른 이들과 견주어 자신을 평가하려 합니다. 삶의 슬픔과 기쁨 가운데 상당 부분은 비교에서 비롯되며, 전부는 아닐지라도 대다수는 아무 쓸데가 없으며 한심하게 시간과 에너지를 낭비하는 처사에 지나지 않습니다.

아버지인 동시에 어머니이신 하나님은 비교하지 않습니다. 그런

〈무릎 위에 아이를 안고 있는 여인〉, 1646, 소묘

—

"아버지인 동시에 어머니이신 하나님은 비교하지 않습니다.
그런 일은 결단코 없습니다. 머리로는 그것이 사실임을 잘 압니다. 하지만 온몸으로,
그리고 전폭적으로 받아들이기는 여전히 힘듭니다."

일은 결단코 없습니다. 머리로는 그것이 사실임을 잘 압니다. 하지만 온몸으로, 그리고 전폭적으로 받아들이기는 여전히 힘듭니다.

 누군가가 아들이나 딸을 끔찍이 아끼는 걸 보면 당장 상대적으로 덜 인정받거나 더 사랑받는 아이가 있겠구나 하는 생각부터 듭니다. 그런데 하나님은 어떻게 그 많은 자녀들을 하나하나 똑같이 사랑하실 수 있는지 내 수준으로는 헤아릴 길이 없습니다. 어찌됐든 우리는 여전히 주님의 한결같은 사랑을 받고 있습니다. 세상에 발을 붙이고 하나님나라를 들여다보면 주님을 천국의 점수판 관리인쯤으로 착각하게 마련입니다. 그래서 우리는 혹시라도 커트라인을 넘지 못하면 어떻게 하나 안달복달하기 일쑤입니다. 그러나 하늘 아버지가 반갑게 맞아주시는 집에서 세상을 보는 순간, 상황은 달라집니다. 아무하고도 비교할 수 없도록 자녀들에게 제각기 독특한 성품과 자질을 주신 하나님의 거룩한 사랑을 깨닫게 됩니다.

 큰아들은 자신을 동생과 견주어보고 곧 질투에 사로잡혔습니다. 하지만 아버지는 그 둘을 무척 사랑했으므로 맏이가 상대적 박탈감을 느끼지 않도록 잔치를 늦춘다는 건 생각조차 해보지 못했습니다. 하나님은 어머니처럼 자애로우셔서 결코 자녀들을 비교하지 않으신다는 진리를 마음 깊이 새겼더라면 개인적으로 오랫동안 씨름해왔던 문제들 가운데 상당수는 눈 녹듯 사라졌을 것이 분명합니다.

하지만 포도원 일꾼들의 비유(마 20:1-16)를 읽을 때마다 그것이 얼마나 힘든 일이지 새록새록 절감합니다. 주인이 고작 한 시간 동안 일한 일꾼들에게 "종일 수고하며 더위를 견딘" 이들과 똑같은 품삯을 주는 장면을 읽으면 마음에서 아직도 불편한 감정이 부글거립니다.

어째서 주인은 오랜 시간 동안 일한 이들에게 먼저 품삯을 치르지 않았던 걸까요? 그랬더라면 나머지 일꾼들이 후한 대접에 놀라고 감동하지 않았을까요? 어째서 느지막하게 포도원에 나온 이들부터 일당을 나눠줘서 나머지 삯꾼들로 하여금 그릇된 기대감을 갖게 하고 쓸데없는 상처와 질투심에 시달리게 만들었을까요? 이제야 알게 된 사실이지만, 이런 의문이 드는 것은 하나님의 독특한 질서를 세상의 경제 논리로 판단하려 들기 때문입니다.

주인의 입장에서는 늦게 온 이들에게 베푼 너그러운 선물에 일찍부터 일한 일꾼들도 함께 즐거워해주길 바랐을 거라고 가정해본 적이 예전에는 단 한 번도 없었습니다. 진종일 포도원에서 땀 흘린 일꾼들이 주인을 위해 일할 기회를 얻었다는 사실에 깊이 감사하며, 더 나아가 참으로 너그러운 상전을 만났다는 점을 고마워할 수도 있었다는 생각을 해본 일도 없습니다.

그렇게 비교를 초월한 사고방식을 받아들이려면 마음의 진로를 급선회해야 합니다. 대단히 어려운 숙제지만 그것이 바로 하나님의 사고방식입니다. 주님은 거룩한 백성들을 특별히 잘한 일이 없어도 대단한 일을 해낸 이에 못지않게 즐겁게 지낼 수 있는 행복한 가정의 자녀들로 여기십니다.

하나님은 길든 짧든 포도원에서 시간을 보낸 이들에게 한결같은 상급을 베풀면 다들 크게 기뻐할 것이라고 생각할 만큼 고지식하십니다. 모두들 거룩한 임재 가운데 기뻐할 것이므로 서로 비교하는 일 따위는 일어나지 않을 거라고 믿어 의심치 않습니다. 사랑하는 자녀들이 단단히 삐친 걸 보고 몹시 의아해하며 "너그럽게 베푼 걸 두고 그렇게 샘낼 까닭이 무어냐?"고 물으실 수밖에 없는 이유가 바로 여기에 있습니다.

주님은 말씀하십니다. "너희는 하루 종일 나와 함께 지냈잖느냐? 너희가 원하는 거라면 뭐든지 다 주었다. 그런데 어째서 그토록 속 쓰려 하느냐?" 질투심에 사로잡힌 큰아들에게 이상하다는 듯, "얘야, 너는 늘 나와 함께 있지 않느냐? 또 내가 가진 모든 것은 다 네 것이 아니냐?"고 묻는 아버지의 심정도 그와 다르지 않습니다.

여기에 돌이키라고 큰소리로 부르시는 음성이 숨어 있습니다. 낮아질 대로 낮아진 자존감의 눈이 아니라 사랑이 넘치는 주님의 눈으로 보라는 겁니다. 계속해서 하나님을 포도원 주인, 또는 최소의 비용으로 최대의 성과를 올리고 싶어 하는 아버지로 의식하는 한, 동료들이나 형제자매들을 질투하고 스스로 상처를 내며 원망하는 마음을 떨쳐버릴 수 없습니다.

반면에 하나님의 눈으로 세상을 바라보는 한편, 주님의 참모습이 전형적인 지주나 가부장적인 아버지와는 딴판이며 도리어 자녀들이 얼마나 올바르게 행동하는지와 상관없이 무조건 사랑을 베풀고 모든 필요를 채우시며 무한정 용서하는 분이심을 깨닫는다면, 깊은 감사야말로 하나님에게 보일 수 있는 유일한 반응이라는 점을 즉시 인식하게 됩니다.[2]

하나님의 마음

렘브란트의 그림에서, 큰아들은 말없이 지켜만 보고 있습니다. 속으로 무슨 생각이 오가는지 가늠하기는 어렵습니다. 비유와 마찬가지로 그림 역시 "잔치자리에 들어가자는 초대에 어떤 반응을 보였을까?" 하는 질문에 확실한 답을 주지 않습니다.

비유에서든 그림에서든, 아버지의 심정에 관해서는 한 점 의문의 여지가 없습니다. 노인의 마음은 두 아들 모두에게로 달려갑니다. 형과 아우를 모두 사랑했으며 두 아들이 한 상에 앉아 즐기기를 간절히 소망했습니다. 됨됨이가 서로 다르지만 한 집안 식구고 똑같은 아버지의 자식임을 온몸으로 체득하기를 바랐습니다.

그런 점을 염두에 두고 아버지와 탕자의 이야기를 살펴보면 내 쪽에서 하나님을 선택한 것이 아니라 주님 편에서 먼저 나를 지목하셨음을 보다 명확하게 알 수 있습니다. 위대한 신앙의 신비가 여기에 있습니다.

인간이 하나님을 선택한 것이 아닙니다. 주님이 우리를 선택하셨습니다. 태초부터 그분은 우리를 "손 그늘에 숨기시며 … 손바닥에"(사 49:2, 16) 새기셨습니다. 우리는 누군가의 손길이 미치기 훨씬 전에 창조주의 손에 붙들려 "은밀한 데서 지음을 받고 땅의 깊은 곳에서 기이하게 지음을"(시 139:15) 받았습니다. 인류의 운명에 대한 어떠한 결정도 내려지지 않았던 시기에 "주께서 내 내장을 지으시며 나의 모태에서 나를"(시 139:13) 만드셨습니다. 누구도 사랑을 보여준 적이 없을 때, 하나님은 이미 사랑하고 계셨습니다. 하나님은 무한하고 무조건적인 사랑을 '먼저'3 베풀어주십니다. 아울러 우리가 사랑스러운 자녀로 성장하며 주님처럼 두루 사랑하길 원하십니다.

철이 든 이후로는 줄곧 하나님을 찾고, 이해하며, 사랑하려는 씨름을 벌여왔습니다. 항상 기도하고, 다른 이들을 섬기며, 성경을 읽는 등 영성 생활의 지침들을 따르면서 방탕의 구덩이로 빠지게 만드는 유혹을 피하려고 안간힘을 썼습니다. 실족하고 실패하기를 거듭

했지만 절망의 문턱에서 다시 일어나곤 했습니다.

문득 의구심이 듭니다. 하나님이 나를 찾고, 이해하며, 사랑하려고 애쓰시는 동안 나는 무엇을 했던 걸까요? 그것을 알고는 있었던 걸까요? 문제는 "어떻게 하나님을 찾을 것인가?"가 아니라 "어떻게 하나님이 찾으시도록 나를 드러낼 것인가?"입니다. "어떻게 하나님을 이해할 것인가?"가 아니라 "어떻게 하나님이 아실 수 있도록 나를 보여드릴 것인가?"입니다. 마지막으로 "어떻게 하나님을 사랑할 것인가?"가 아니라 "어떻게 하나님의 사랑을 받을 것인가?"입니다. 하나님은 혹시 내가 보이지 않는지 아득히 먼 곳을 뚫어지게 살피십니다. 하루빨리 찾아 집에 데려가시려는 뜻입니다.

"왜 죄인과 음식을 같이 먹는가?"라는 질문에 대한 대답으로 들려주신 세 가지 비유에서, 예수님은 한결같이 하나님의 주도권을 강조하셨습니다. 하나님은 잃은 양을 찾아다니는 목자입니다. 잃어버린 동전을 찾을 때까지 불을 밝히고 온 집안을 샅샅이 뒤지는 여인입니다. 목이 빠지도록 밖을 내다보며 자녀들을 기다리다가 반갑게 달려 나가 영접하고, 힘껏 끌어안으며 어서 집으로 들어가자고 간청하고, 부탁하고, 권면하는 아버지입니다.

이상하게 들릴지 모르지만, 내가 하나님을 발견하길 원하는 만큼(그 이상이겠지만 적어도 그만큼은) 주님도 나를 찾고 싶어 하십니다.

〈아벨을 살해하는 가인〉, 1650, 소묘
—

"문득 의구심이 듭니다. 하나님이 나를 찾고, 이해하며,
사랑하려고 애쓰시는 동안 나는 무엇을 했던 걸까요?"

그분이 내게 필요한 만큼 그분에게도 내가 필요합니다. 하나님은 집에서 팔짱을 끼고 앉은 채, 자식이 돌아와서 탈선행위를 사죄하고, 용서를 청하며, 앞으로 잘 살겠다고 약속해주기를 기다리는 가부장적인 아버지가 아닙니다. 오히려 집 밖으로 찾아다닙니다. 위엄 따위는 내팽개치고 달려나갑니다. 사과나 개과천선을 약속하는 말에 집착하지 않습니다. 하나님은 잔칫상을 떡 벌어지게 차려놓고 손을 잡아끄십니다.

요즘 새롭게 의식하기 시작한 사실이 한 가지 있습니다. 하나님을 꼭꼭 숨어서 가능한 한 찾아내지 못하게 만드는 분으로 생각하는 대신, 그 눈을 피해다니는 동안에도 나를 만나러 두루 살피고 다니는 분으로 여긴다면 내 영적인 여정이 극적으로 달라질 것이라는 점입니다. 길을 잃고 방황하는 자아를 하나님의 눈으로 바라보며 자식이 돌아올 때마다 주님이 얼마나 기뻐하시는지 깨닫는다면 삶의 고뇌는 줄어들고 하늘 아버지를 향한 신뢰는 더욱 커질 것입니다.

하나님은 나를 발견하면 집으로 데려가 천사들과 더불어 귀향을 기념하는 큰 잔치를 열어주십니다. 그렇게 해서 주님의 기쁨이 더욱 커진다면 얼마나 좋은 일이겠습니까? 나를 찾아내고 아낌없이 사랑할 기회를 드려 주님 얼굴에 웃음이 피어오르게 한다면 그야말로 굉장한 사건이 아닐까요?

이것은 핵심을 건드리는 질문들입니다. 자아 개념에 관한 문제를 제기하고 있기 때문입니다. 자신을 '주님이 반드시 찾아야 할 만큼 소중한' 존재로 받아들일 수 있을까요? 하나님의 마음에는 그저 나와 함께 있고 싶다는 소망이 자리잡고 있습니다. 과연 나는 그 사실을 믿고 있는 걸까요?

여기에 내 영적인 씨름의 고갱이가 있습니다. 자기 부정, 자기 비하, 자기 혐오와 벌이는 투쟁입니다. 세상과 그 권세를 잡은 마귀들은 나를 흔들어서 스스로 무가치하며, 아무 쓸모가 없고, 하찮은 존재로 여기게 하려고 온갖 술수를 다 부리고 있으므로 싸움은 언제나 치열해질 수밖에 없습니다.

소비지향적인 경제 체제는 소비자들의 낮은 자존감을 교묘하게 조작하고 물질을 통해 영혼의 만족을 얻을 수 있으리라는 기대를 창출하는 방식으로 경기를 부양합니다. 자신을 '변변찮은' 인간으로 여기는 상태에서는 자기 비하의 감정을 완전히 해소해주겠다고 장담하는 물건을 구매하거나, 사람을 만나거나, 특정 장소를 찾아가려는 유혹에 쉽게 무너집니다. 하지만 그런 수단을 통해 원하는 효과를 얻기란 완전히 불가능합니다. 도리어 그런 조작이나 꼬임에 넘어갈 때마다 자기를 비하하고 아무짝에도 쓸모없는 인간으로 치부할 이유가 더 늘어날 따름입니다.

첫사랑이자 영원히 계속되는 사랑

오랫동안 낮은 자존감을 일종의 미덕으로 착각했습니다. 교만과 독단을 경계하는 말을 하도 자주 들어서 자신을 업신여기는 것을 올바른 행동이라고 생각했던 겁니다. 하지만 주님이 베풀어주신 최고의 사랑을 부정하고 저마다 가지고 태어난 우수한 자질을 무시하는 행위야말로 실질적인 죄라는 것을 지금은 잘 압니다.

하나님이 주신 큰 사랑과 태생적인 장점을 스스로 부정하면 진정한 자아와 단절되게 마련이고, 결국 오직 아버지의 집에서만 얻을 수 있는 것들을 찾아 부적절한 인물과 장소를 전전하는 파괴적인 탐색에 나서게 됩니다.

하나님이 주신 비할 데 없이 큰 사랑과 저마다 가진 뛰어난 자질을 인정하는 문제를 붙잡고 씨름하는 것이 나 혼자만은 아닐 겁니다. 자기 주장이 강하고, 경쟁적이고, 선두 다툼에 민감하고, 지나치리만치 자신감이 넘치고, 심지어 오만하기까지 한 이들도 그 바닥에는 불안 심리가 깔려 있기 일쑤입니다. 겉으로는 아무도 눈치챌 수 없을 만큼 당당하게 행동하지만 속으로는 자기 확신이 턱없이 모자랍니다.

누가 봐도 뛰어난 재주를 가졌고 사회적으로도 출세해 상당한 보상을 받은 이들이 스스로 가진 재능을 신뢰하지 못하는 모습을 종종 보면서 그때마다 큰 충격을 받습니다. 외적인 성취를 내면에 담긴 장점이 표현된 결과로 보는 대신, 자신의 무가치함을 감추는 덮개로 여기며 삽니다. "남들이 내 마음 가장 깊은 데서 벌어지고 있는 일을 알게 되면 나한테 보내는 갈채와 칭찬을 당장 철회할 겁니다"라는 소리를 한두 번 들은 게 아닙니다.

누구나 칭송해 마지않는 어느 청년과 나누었던 대화가 아직도 귓가에 생생합니다. 젊은이는 사소한 문제점을 지적하는 친구의 이야기를 듣고 절망의 수렁에 빠져들게 된 사연을 소상히 털어놓았습니다. 이야기를 하는 내내 눈물을 뚝뚝 떨구었으며, 몸을 뒤틀며 괴로워했습니다. 친구가 방어벽을 뚫고 들어와서 자신의 실체를 똑똑히 보았을 거라는 게 청년의 생각이었습니다. 번쩍거리는 갑옷을 입고 있는 추악한 위선자요, 치사한 속물임을 들키고 말았다는 겁니다.

고백을 들으면서 남들이 모두 부러워하는 재능을 가졌음에도 불구하고 청년이 얼마나 불행한 삶을 살았는지 짐작할 수 있었습니다. 그는 오랜 세월 동안 내면의 질문에 사로잡혀 지냈던 겁니다. '정말 나를 사랑하는 이가 있을까? 진심으로 걱정해주는 사람이 있을까?' 그리고 성공의 사다리를 조금씩 올라갈 때마다 생각했습니다. '이건 진짜 내 모습이 아니야. 언젠가는 모든 게 무너져내리고 내가 좋은 놈이 아니라는 게 만천하에 드러나겠지.'

그 만남은 수많은 이들이 자신의 삶을 살아가는 방식을 여실히 보여줍니다. 잘났든 못났든 생긴 그대로 사랑받는다는 생각을 전혀 찾아볼 수 없습니다. 저마다 그처럼 자존감이 낮아진 이유를 아주 그럴듯하게 설명하는 사연들이 있습니다. 성장기에 부모가 필요를 채워주지 않았다든지, 교사가 함부로 대해 상처를 입었다든지, 친구가 배신했다든지, 일생일대의 순간에 교회가 차갑게 방치했다든지 하는 이야기들입니다.

탕자의 비유는 거부하기 이전에도 존재했고 거절당한 뒤에도 여전히 지속되는 사랑 이야기입니다. 아버지인 동시에 어머니인 하나님의 첫사랑이자 영원히 계속되는 사랑을 다루고 있습니다. 한계가 분명하기는 하지만 인간의 모든 사랑도 여기에 토대를 두고 있습니다. 예수님의 삶과 가르침의 목표는 단 하나였습니다. 절대로 말라붙는 법이 없으며 영원무궁한 어머니답고 아버지다운 하나님의 사랑을 드러내며, 그 사랑이 일상적인 삶을 이끌어가도록 송두리째 맡기는 방법을 보여주시려는 것이었습니다.

렘브란트는 그림 속 아버지의 모습을 통해 그 사랑을 살짝 엿보게 해줍니다. 집으로 돌아올 때마다 늘 반가이 맞으며 언제나 잔치를 베풀어주고 싶어 하는 그 사랑입니다.

THE FATHER CALLS FOR A
CELEBRATION

아버지, 잔치를 열다

작은아들이 평범한 농부 가정으로 돌아온 게 아닌 것만큼은 분명합니다. 누가의 설명에 따르면, 아버지는 엄청난 재산과 수많은 하인을 거느린 대단히 부유한 인물이었습니다.

렘브란트 역시 누가의 묘사를 그대로 반영해서 아버지는 물론이고 현장을 지켜보고 있는 두 남자에게까지 호화로운 의상을 입혔습니다. 뒤편에 배치된 두 여인은 농가보다는 왕궁의 일부처럼 보이는 아치에 기대고 있습니다. 노인이 입고 있는 호화로운 복상과 으리으리한 실내장식은 거의 앞을 보지 못하는 두 눈과 슬픔에 찌든 얼굴, 구부정한 자세 등 오랫동안 고통을 겪었음을 보여주는 장치들과 선명한 대조를 이룹니다.

자녀들을 향한 한없는 사랑 탓에 고통스러워하는 하나님은 '인자하심과 용납하심과 길이 참으심이' 넘치며(롬 2:4; 엡 2:4), '그 영광의 풍성함을'(롬 9:23) 알려주고 싶어 하시는 주님이기도 합니다.

아버지는 아들에게 사죄할 틈조차 주지 않습니다. 아들이 입을 열기도 전에 앞질러 잘못을 용서하십니다. 자식이 돌아온 것만으로도 너무 기뻐서 변명 따위는 다 쓸데없는 것으로 치부하십니다. 그뿐이 아닙니다. 아버지는 단 한마디 묻지도 않고 허물을 덮어주며, 반가이 맞아주는 데서 그치지 않고 지체 없이 새로운 인생, 즉 '풍성한 삶'(요 10:10)을 주십니다.

돌아온 아들에게 새 삶을 열어주려는 마음이 얼마나 간절한지 조바심치는 것처럼 보일 정도입니다. 아무리 좋은 걸 줘도 성이 차지 않습니다. 가장 좋은 선물만 골라서 선사합니다. 작은아들은 일꾼 대접도 얼마든지 감수할 준비가 되어 있었지만, 아버지는 특별한 손님을 위해 따로 마련해둔 겉옷을 내오게 했습니다. 아들은 스스로 자식의 자격이 없다고 생각했지만, 아버지는 손가락에 가락지를 끼우고 신발을 신겨주었습니다. 사랑하는 아들로 인정하고 상속자의 지위를 회복시킨 겁니다.

가장 좋은 것을 베푸시는 아버지

고등학교를 졸업하던 해 여름에 입었던 옷들이 생각납니다. 하얀 바지, 폭 넓은 벨트, 화려한 셔츠에 반짝거리는 구두까지 하나같이 기분 좋아지는 소품들이었습니다. 아버지와 어머니는 그 새 옷을 사 주며 무척이나 기뻐했습니다. 자식을 한없이 자랑스러워하는 눈치였습니다. 나 역시 두 분의 아들이라는 게 감사했습니다.

그중에서도 새 신을 신었을 때 제일 기분이 좋았습니다. 그 뒤로 수없이 많은 지역을 여행하면서 평생 맨발로 사는 이들을 보았습니다. 차츰 새 신에 담긴 상징적인 의미를 더 잘 이해하게 되었습니다. 맨발은 가난, 더 나아가 종속의 상징입니다. 신발은 뱀한테 물리는 것을 막아줍니다. 안전을 보장하고 능력을 제공합니다. 쫓기는 처지에서 벗어나 쫓는 입장이 되게 합니다. 가난한 이들에게는 신발을 신는다는 건 일정한 수준에 올라섰다는 뜻입니다. 그걸 아름답게 노래한 흑인영가가 있습니다.

하나님의 자녀들은 모두 신발을 신는다네
하늘나라에 가면 나도 신발을 신을 거야
하나님나라를 마음껏 돌아다녀야지.[1]

하늘 아버지는 아들에게 자유, 즉 거룩한 자녀의 자유를 상징하는 표지들을 덧입히셨습니다. 주님은 어떤 자식도 일꾼이나 노예로 삼지 않으십니다. 아들딸들에게 영광의 겉옷을 입히고, 상속자의 반지를 끼우고, 명예의 신을 신기십니다. 마치 하나님이 베푸시는 은혜의 해가 시작되었음을 선포하는 의식을 거행하는 것 같습니다.

스가랴 선지자의 네 번째 환상을 보면 이 수여식이 어떤 의미를 갖는지 잘 알 수 있습니다.

주님께서 나에게 보여주시는데, 내가 보니, 여호수아 대제사장이 주님의 천사 앞에 서 있고, 그의 오른쪽에는 그를 고소하는 사탄이 서 있었다. … 그때에 여호수아는 냄새 나는 더러운 옷을 입고 천사 앞에 서 있었다. 천사가 자기 앞에 서 있는 다른 천사들에게, 그 사람이 입고 있는 냄새 나는 더러운 옷을 벗기라고 이르고 나서, 여호수아에게 말하였다. "보아라, 내가 너의 죄를 없애준다. 이제, 너에게 거룩한 예식에 입는 옷을 입힌다." 그때에 내가, 그의 머리에 깨끗한 관을 씌워달라고 말하니, 천사들이 그의 머리에 깨끗한 관을 씌우며, 거룩한 예식에 입는 옷을 입혔다. 그동안 주님의 천사가 줄곧 곁에 서 있었다. 주님의 천사가 여호수아에게 경고하였다. "만군의 주님께서 이렇게 말씀하신다. '네가 내 도를 준행하며 내 율례를 지키면 네가 내 집을 다스릴 것이요 내 뜰을 지킬 것이며 여기에서 섬기는 사람들 사이를 자유로이 출입하게 할 것이다. 여호수아 대제사장은 들어라. 여기 여호수아 앞에 앉아 있는 여호수아의 동료들도 함께 잘 들어라. 너희는 모두 앞으로 나타날 일의 표가 되는 사람들이다. 내가 이제 새싹이라고 부르는 나의 종을 보내겠다. 나 만군의 주가 말한다. 내가 여호수아 앞에 돌 한 개를 놓는다. 그것은 일곱 눈을 가진 돌이다. 나는 그 돌에 내가 이 땅의 죄를 하루 만에 없애겠다는 글을 새긴다. 나 만군의 주가 말한다. 그날이 오면, 너희는 서로 자기 포도나무와 무화과나무 아래로 이웃을 초대할 것이다'"(슥 3:1-10, 새번역).

스가랴의 환상을 염두에 두고 탕자의 비유를 읽어보면, 아버지가 아들에게 겉옷과 반지, 신발을 가져다주라고 종들에게 이를 때 사용했던 '어서'라는 단어에 인간의 서두름을 뛰어넘는 의미가 있음을 알 수 있습니다. 그 한마디에는 태초부터 준비되어 있던 새로운 나라를 출범시키려는 하나님의 열성이 담겨 있습니다.

아버지가 성대한 잔치를 원했다는 데는 의문의 여지가 없습니다. 특별 행사를 대비해 키워온 송아지를 잡는 것만 봐도 아버지가 온 힘을 다해 아들에게 난생처음 보는 굉장한 축하연을 베풀려 한다는 것을 알 수 있습니다. 이러저러한 준비를 갖추라는 명령을 내리고 나서 아버지는 외칩니다. "우리가 먹고 즐기자. 나의 이 아들은 죽었다가 살아났고, 내가 잃었다가 되찾았다!"

그 즉시 잔치가 시작됐습니다. 음식이 넘치게 나오고 연주와 춤이 이어졌습니다. 파티를 즐기는 행복한 소음이 집에서 멀리 떨어진 곳까지 퍼져나갔습니다.

기쁨으로 부르는 초대장

개인적으로는 큰 잔치를 여는 하나님의 모습을 상상하기 어렵습니다. 속으로 생각해왔던 근엄하고 진지한 주님의 형상과 상충되는 것 같은 느낌이 듭니다. 하지만 그리스도가 하나님나라를 어떻게 설명하시는지 살펴보면 그 중심에 잔치가 자리잡고 있는 경우가 많습니다.

예수님은 "내가 너희에게 말한다. 많은 사람이 동과 서에서 와서, 하늘나라에서 아브라함과 이삭과 야곱과 함께 잔치 자리에 앉을 것이다"(마 8:11, 새번역)라고 말씀하셨습니다. 하늘나라를 임금님이 왕자에게 베풀어주는 결혼 잔치에 빗대기도 했습니다. 신하들은 밖에 나가서 "내가 오찬을 준비하되 나의 소와 살진 짐승을 잡고 모든 것을 갖추었으니 혼인 잔치에 오소서"(마 22:4)라고 외치며 사람들을 청했습니다. 하지만 대부분은 관심을 보이지 않았습니다. 저마다 자기 일에 바빠서 신경쓸 겨를이 없었던 겁니다.

　탕자의 비유에서와 마찬가지로 이번에도 예수님은 자녀들에게 잔치를 베푸시려는 아버지의 욕구와 설령 초대받은 이들이 참석을 거부할지라도 기어코 파티를 열려는 열성을 가르치고 있습니다.

　식사를 하러 오라는 건 곧 하나님과 친밀하게 교제하자는 초대입니다. 이러한 사실은 예수님이 십자가에서 돌아가시기 직전에 가졌던 마지막 만찬 장면을 보면 확실히 알 수 있습니다. 상을 앞에 놓고 주님은 제자들에게 약속하십니다. "내가 포도나무에서 난 것을 이제부터 내 아버지의 나라에서 새것으로 너희와 함께 마시는 날까지 마시지 아니하리라 하시니라"(마 26:29). 신약성경을 마무리짓는 대목에서는 하나님의 궁극적인 승리를 성대한 결혼 잔치로 설명하셨습니다. "주 우리 하나님 곧 전능하신 이가 통치하시도다. 우리가 즐거워하고 크게 기뻐하며 그에게 영광을 돌리세 어린양의 혼인 기약이 이르렀고 … 어린양의 혼인 잔치에 청함을 받은 자들은 복이 있도다"(계 19:6-9).

　축하하는 잔치는 하나님나라에 속한 일입니다. 주님은 용서와 화해, 치유를 허락하실 뿐만 아니라, 그런 선물들을 기쁨의 근원으로 끌어올려 지켜보는 이들 모두가 함께 누리게 하십니다.

　예수님은 죄인들과 더불어 먹는 까닭을 설명하면서 세 가지 비유

〈최후의 만찬〉, 1634-35, 소묘

"식사를 하러 오라는 건 곧 하나님과 친밀하게 교제하자는 초대입니다. 이러한 사실은 예수님이 십자가에서 돌아가시기 직전에 가지셨던 마지막 만찬 장면을 보면 확실히 알 수 있습니다."

를 들려주셨는데, 하나같이 하나님이 크게 즐거워하며 그 기쁨에 동참하도록 다른 이들을 초대하는 장면이 등장합니다.

양을 되찾은 목자는 "나와 함께 즐기자 나의 잃은 양을 찾아내었노라"(눅 15:6)고 말합니다. 동전을 발견한 여인은 "나와 함께 즐기자.잃은 드라크마를 찾아내었노라"(눅 15:9)고 외칩니다. 탕자의 아버지는 "이 내 아들은 죽었다가 다시 살아났으며 내가 잃었다가 다시 얻었노라"(눅 15:24)고 선언하며 사람들과 더불어 즐거워했습니다.

이들은 모두 하나님의 음성입니다. 주님은 기쁨을 혼자 간직하실 생각이 없습니다. 모든 이들과 나누길 원하십니다. 하늘 아버지의 기쁨은 천사들의 기쁨이고, 성도들의 기쁨이며, 하나님나라에 속한 모든 이들의 기쁨입니다.

작은아들이 집으로 돌아온 바로 그 순간을 렘브란트는 화폭에 옮겼습니다. 아버지의 다른 세 식솔들은 멀찌감치 떨어져서 바라보고 있습니다. 과연 그들 또한 아버지의 기쁨을 이해하게 되었을까요? 안아주시도록 아버지의 품에 자신을 맡기게 될까요? 나라면 어땠을까요? 나중에라도 아버지에게 대드는 짓을 그만두고 기쁨을 함께할 수 있을까요? 나는 어떨까요?

나는 단지 한 순간만 볼 수 있을 따름이고 다음에 무슨 일이 일어났을지는 온전히 상상의 몫입니다. 그래서 똑같은 생각을 되풀이합니다. 그들은 어떻게 했을까? 나라면 어땠을까? 돌아온 작은아들을 새롭게 차려 입힌 아버지는, 주위에 있던 이들이 입을 모아 감탄하며 한자리에 앉아 음식을 먹으며 즐겁게 춤추기를 기대했습니다. 아들을 다시 찾은 건 쉬쉬할 일이 아닙니다. 집안 식구들이 한마음이 되어 감사하며 축하할 경사입니다.

속으로 묻고 또 묻습니다. 그들은 어떻게 했을까? 나라면 어땠을까? 이건 대단히 중요한 질문입니다. 좀 이상하게 들릴지 모르겠지만, 즐거운 삶을 살지 못하게 가로막고 있는 문제들을 건드리고 있기 때문입니다.

하나님은 기뻐하고 있습니다. 세상의 문제들이 전부 해결되어서가 아닙니다. 인류의 괴로움과 고통이 끝났기 때문이 아닙니다. 허다한 무리가 돌아와서 주님의 의로우심을 찬양하는 까닭에서가 아닙니다. 하늘 아버지는 잃어버렸다가 다시 찾은 자녀 하나로 인해 환호하십니다.

나는 그 기쁨에 동참하라는 부름을 받았습니다. 그건 하나님께 속한 기쁨입니다. 세상이 주는 기쁨이 아닙니다. 그건 파멸과 재앙, 고난으로 가득한 세상 한복판에서 벗어나 집으로 걸어오는 자녀를 알아보는 데서 비롯된 기쁨입니다. 아울러 은밀한 기쁨이기도 합니다. 그것은 렘브란트가 자리에 앉아 있는 구경꾼 머리 위의 벽면에다 그려 넣은 피리 연주자만큼이나 눈에 띄지 않습니다.

나로서는 작고, 드러나지 않으며, 주위 사람들이 거의 눈치채지 못할 만큼 미미한 일들을 가지고 기뻐하는 데 익숙하지 않습니다. 보통은 나쁜 전갈을 받고, 전쟁과 폭력과 범죄에 관한 기사를 읽고, 갈등과 혼란을 지켜볼 마음의 준비를 늘 갖추고 삽니다. 손님이 찾아오면 언제나 문제와 고통, 좌절과 실망, 우울과 고민으로 가득한 이야기보따리를 풀어놓겠구나 하는 생각부터 듭니다.

어느새 슬픔을 껴안고 사는 데 얼마쯤 적응이 됐습니다. 한편으로는 기쁨을 보는 시력이 약해졌습니다. 하나님께 속한, 그러나 세상의 어느 외진 구석에 감춰진 즐거움을 감지해낼 청력을 잃었습니다.

주님과의 교제가 깊어서 슬픔뿐일 것 같은 곳에서도 기쁨을 볼 줄 아는 친구가 있습니다. 세계 방방곡곡을 다니면서 수많은 사람들을 만납니다. 모처럼 친구가 돌아오면, 방문했던 나라들의 어려운 경제 사정이라든지 엄청난 부정에 관한 소문, 두 눈으로 본 고통스러운 삶 등에 대한 이야기를 들려줄 거라고 기대합니다.

하지만 굵직굵직한 세상사를 두루 알고 있으면서도 거기에 대해서는 입도 뻥긋하지 않습니다. 경험담을 들려줄 일이 있으면 항상 자신이 찾아낸 희미한 기쁨들을 나눌 뿐입니다. 소망과 평안을 전해준 남자, 여자, 어린아이들을 소개합니다. 극심한 어려움을 겪으면서도 서로 신뢰를 저버리지 않는 소그룹들의 소식을 전해줍니다. 누군가와 어울려 신나게 떠들 수 있을 만큼 극적이고 자극적인 '뉴스감'을 바라던 나로서는 김이 빠지기 일쑤입니다. 그래도 친구는 선정주의적인 요구에 부응하는 법이 없습니다. 시종일관 "정말 사소하지만 말할 수 없이 아름다운 것들을 보았어. 나한테는 큰 기쁨을 주는 일들이지" 하고 말할 뿐입니다.

아버지는 집으로 돌아온 탕자가 가져다준 기쁨에 푹 빠졌습니다. 거기서 배워야 합니다. 진정한 기쁨을 힘닿는 데까지 '훔쳐다가' 남들이 볼 수 있도록 높이 쳐드는 법을 배워야 합니다. 그렇습니다. 아직 세상 사람들이 다 돌아오지도, 온누리에 평화가 깃들지도, 모든 고통이 사라지지도 않았다는 걸 잘 압니다.

그럼에도 불구하고 사람들이 돌이켜 집으로 돌아오는 걸 보고, 그 기도 소리를 들으며, 용서하고 용서받는 순간을 감지하며, 수많은 소망의 징표를 목격합니다. 세상 문제가 죄다 해결될 때까지 기쁨을 보류할 이유는 없습니다. 주변에서 하나님나라를 엿볼 수 있는 실마리를 볼 때마다 얼마든지 즐거워할 수 있습니다.

이것이 진짜 훈련입니다. 두려울 만큼 어둠이 짙을 때도 빛을 선택하고, 죽음의 세력이 손에 잡힐 듯 보이는데도 생명을 선택하며, 거짓에 둘러싸여 있는 상황에서도 진리를 택하는 연습이 필요합니다.

인생사가 너무 서글퍼서 사소하지만 대단히 실제적인 방식들을 통해서는 더 이상 기쁨을 느낄 수 없을 것만 같은 생각이 들 때가 있습니다. 그러나 기쁨을 선택하는 이는 기쁨 그 자체를 상급으로 받습니다. 정신지체를 가진 이들과 어울려 살면서 그것을 확실히 깨달았습니다. 수없이 많은 거절과 고난, 상처가 우리 가운데 존재하지만 그 아픔 속에서도 일단 기쁨을 찾는 길을 선택하면 삶은 곧 잔치가 됩니다.

기쁨은 결코 슬픔을 부정하지 않습니다. 다만 더 큰 기쁨을 거두기 위한 옥토로 변화시킬 뿐입니다.

틀림없이 순진하고, 비현실적이며, 감상적인 생각이라고 지적하는 이들이 있을 겁니다. '현실적인' 문제, 다시 말해서 대다수 인간고人間苦의 바닥에 깔려 있는 구조적인 악을 무시하고 있다는 비난을 받을지도 모릅니다.

하지만 죄인 하나가 회개하고 돌아올 때 하나님은 무한히 기뻐하십니다. 이것은 엄연한 사실입니다. 수치상으로는 주목을 끌 만한 일이 아닙니다. 그러나 주님에게 숫자는 중요한 요소가 아닙니다. 인류 전체가 소망을 잃고 주저앉았을 때 한 사람, 두 사람, 또는 세 사람이 꾸준히 기도해온 덕분에 파멸을 면하게 될지 누가 압니까?

하나님의 눈으로 보면, 단 한 차례의 은밀한 회개나 사심이 담기지 않은 소소한 사랑의 몸짓 하나, 또는 진정한 용서가 이루어지는 지극히 짧은 순간만으로도 주님으로 하여금 보좌에서 내려와 집으로 돌아온 아들에게 달려가며 거룩한 기쁨에 겨워 내지르는 환호성으로 하늘나라를 가득하게 만들기에 충분합니다.

슬픔을 모두 없애주시지는 않을지라도

만약 그것이 하나님의 방식이라면, 나로서는 낙담하게 만드는 파멸과 저주의 목소리들을 모두 떨쳐버리고 '사소한' 기쁨들을 통해 지금 살고 있는 세계의 실체를 드러내는 도전을 받아들여야 합니다. 예수님은 세상에 관해 말씀하실 때마다 대단히 현실적인 시각을 보이셨습니다. 전쟁과 소동, 지진, 역병과 기근, 박해와 투옥, 배신, 미움과 모함 등을 일일이 거론하셨습니다.

세상의 어둠을 대표하는 이런 징조들이 언젠가 깨끗이 사라질 거라는 이야기는 단 한 번도 없었습니다. 그럼에도 불구하고 그 한복판에서도 하나님의 기쁨을 소유할 수 있는 가능성은 항상 열려 있습니다. 그것은 주님의 집안에 속해 있다는 사실에서 비롯된 기쁨입니다. 거룩한 사랑은 죽음보다 강합니다. 하나님은 이미 기쁨의 나라에 속한 자녀들이 세상에서 살아갈 힘을 주십니다.

성도들이 누리는 기쁨의 비밀이 여기에 있습니다. 사막의 수도자

〈병자들 가운데 계신 그리스도〉 부분, 1649, 소묘

—

"예수님은 세상에 관해 말씀하실 때마다 대단히 현실적인 시각을 보이셨습니다. 전쟁과 소동,
지진, 역병과 기근, 박해와 투옥, 배신, 미움과 모함 등을 일일이 거론하셨습니다. 그럼에도 불구하고
그 한복판에서도 하나님의 기쁨을 소유할 수 있는 가능성은 항상 열려 있습니다."

성 안토니오를 비롯해서 아시시의 성 프란체스코, 테제 공동체의 로제 슈츠 수사, 콜카타의 마더 테레사에 이르기까지 기쁨은 거룩한 백성들의 특징이었습니다. 경제적으로나 사회적으로 격변하는 세상에 살면서 이미 하늘 아버지의 집에서 악기를 연주하고 흥겹게 춤추는 소리가 흘러나오는 것을 들은 평범하고, 가난하며, 십중팔구 고통을 받고 있는 허다한 이들의 얼굴에도 그 기쁨이 나타납니다.

개인적으로는 똑같은 기쁨을 공동체에서 함께 생활하는 지적 장애인들의 얼굴에서 매일 만납니다. 오래전에 살았던 인물이든 동시대인이든 거룩한 백성들은 날마다 탕자가 돌아오는 크고 작은 사건들을 보면서 하늘 아버지와 더불어 크게 기뻐합니다. 다들 참다운 기쁨의 의미를 꿰뚫어보고 있는 겁니다.

하루도 빠짐없이 냉소주의와 기쁨 사이에서 극단적인 차이를 경험한다는 것은 참으로 놀라운 일입니다. 냉소적인 이들은 어디를 가든 어둠을 찾습니다. 언제나 다가오는 위험, 순수하지 못한 동기, 은밀하게 진행되는 음모 따위를 지적하기 바쁩니다. 신뢰를 순진함으로, 배려를 허구로, 용서를 감상으로 매도합니다. 열심을 비웃고, 영적인 열정을 조롱하며, 성령의 역사를 멸시합니다. 스스로 무엇이 진실인지 실체를 볼 줄 알고 '도피적인 정서들'에 속아 넘어가지 않는 현실주의자라고 생각합니다. 그러나 하나님이 주시는 기쁨을 과

소평가할수록 그들의 어둠은 더 짙어만 갑니다.

하나님의 기쁨을 알게 된 이들은 어둠을 부정하지는 않지만 그 안에서 사는 길을 선택하지 않습니다. 캄캄한 가운데 반짝이는 빛이 어둠 그 자체보다 신뢰할 만하며, 한 줌의 광선으로도 엄청난 어둠을 몰아낼 수 있다고 믿습니다.

이들은 서로 빛줄기가 여기 있다 저기 있다 가리켜주며 한 사람 한 사람이 '눈에 보이지 않지만 실존하시는' 하나님의 임재를 드러내는 존재임을 잊지 않도록 격려합니다. 서로 상처를 치유하며, 잘못을 용서하고, 소유를 나누며, 공동체의 영성을 기르고, 받은 은사를 즐거워하며, 하나님의 영광이 온전히 드러나기를 항상 소망하며 삽니다.

하루하루, 순간순간마다 냉소주의와 기쁨 가운데 하나를 고르는 선택에 내몰립니다. 냉소적으로 생각할 수도 있고 기쁨으로 받아들일 수도 있습니다. 빈정대며 이야기할 수도 있고 기쁨을 전달할 수도 있습니다. 어떤 행동이든 시니컬해질 수도 있고 기쁨에 넘칠 수도 있습니다. 날이 갈수록 이쪽을 택할 수도 저쪽을 택할 수도 있다는 점을 점점 더 의식하게 됩니다. 그리고 기쁨을 택할수록 결국 더 큰 기쁨이 돌아오며, 하늘 아버지의 집에서 벌이는 참다운 잔치자리로 만들어주는 일들이 삶에 더 많아진다는 사실을 깨닫습니다.

예수님은 하늘 아버지의 집에 속한 기쁨을 충만하게 누리며 사셨습니다. 우리는 예수님을 통해 하나님의 기쁨을 볼 수 있습니다. 그리스도는 "무릇 아버지께 있는 것은 다 내 것이라"(요 16:15)고 하셨고 거기에는 하나님의 끝없는 기쁨도 포함되어 있습니다.

거룩한 기쁨은 거룩한 슬픔을 완벽하게 지우지 않습니다. 물론 세상에서는 기쁨과 슬픔이 서로 배타적입니다. 지상에서 기쁨이란 슬픔이 전혀 없는 것을 말하고, 슬픔이란 기쁨이 완전히 사라진 것을 뜻합니다. 그러나 하나님 안에서는 그런 구별이 없습니다. 예수님은 하나님의 아들인 동시에 슬픔과 기쁨을 온전히 느낄 줄 아는 인간이기도 했습니다. 독생자는 가장 고통스러운 순간에도 하늘 아버지와 분리된 적이 없습니다.

아버지와 아들의 기쁨이 하나라는 사실은 그것만 봐도 알 수 있습니다. 하늘 아버지로부터 버림받았다고 '느끼는' 순간에도 성부와 성자의 연합은 깨어지지 않았습니다. 하나님의 기쁨은 곧 아들의 기쁨이었습니다. 그리고 두 분의 기쁨은 내게도 주어졌습니다. 예수님은 친히 누리시는 바로 그 기쁨을 나도 맛보기를 원하십니다. "아버지께서 나를 사랑하신 것같이 나도 너희를 사랑하였으니 나의 사랑 안에 거하라 내가 아버지의 계명을 지켜 그의 사랑 안에 거하는 것같이 너희도 내 계명을 지키면 내 사랑 안에 거하리라 내가 이것을 너희에게 이름은 내 기쁨이 너희 안에 있어 너희 기쁨을 충만하게 하려 함이라"(요 15:9-11).

집으로 돌아와 하늘 아버지와 더불어 사는 자녀로서, 이제는 하나님께 속한 기쁨을 모두 내 것으로 당당하게 주장할 수 있습니다. 삶 전체를 통틀어 단 한 순간도 슬픔, 애수, 냉소, 암울한 기분, 침울한 생각, 음울한 추측, 낙심의 물결 등에 흔들리지 않았던 적이 없었습니다. 그런 감정들을 방치한 나머지 그것들이 아버지의 집에서 누리는 기쁨을 뒤덮게 만들기 일쑤였습니다.

하지만 자신이 벌써 집에 돌아와 있으며 아버지가 이미 겉옷과 반지와 신발로 단장해주셨음을 확실히 믿는다면, 마음의 얼굴에서 슬픔의 탈을 벗어버리고 참된 자아를 헐뜯는 거짓말을 몰아내며 거룩한 자녀들에게 주어진 내면의 자유를 가지고 진리를 외치는 일은 얼마든지 가능합니다.

하지만 거기가 끝은 아닙니다. 자녀는 어린아이로 남아 있을 것이 아니라 성인으로 성장해야 합니다. 어른은 어머니와 아버지가 됩니다. 탕자가 집으로 돌아올 때는 그냥 아이로 살겠다고 찾아온 게 아닙니다. 아들의 신분을 요구하고 스스로 아버지가 되기 위해 되돌아온 겁니다. 집에서 본래의 신분을 되찾고 새 출발하라는 아버지의 초대를 받고 돌아온 자녀가 이제 감당해야 할 도전(그렇습니다, 소명이라고 해도 좋습니다)은 스스로 하늘 아버지처럼 되는 겁니다.

  나로서는 그런 소명이 두려웠습니다. 오랜 세월, 아버지의 집으로 돌아가는 것이 궁극적인 부르심이라는 생각을 가지고 살아왔습니다. 내면에 자리잡은 작은아들뿐만 아니라 큰아들을 돌이키게 해서 반가이 맞아주는 아버지의 사랑을 받아들이게 만드는 데만 해도 영적으로 큰 수고가 필요했습니다. 여러 정황으로 미루어볼 때, 아직도 나는 집으로 돌아가는 도중임에 틀림없습니다. 하지만 집에 가까워질수록 돌아서라는 명령을 뛰어넘는 더 큰 부르심이 존재한다는 사실은 더욱 분명해집니다. 집에 돌아온 자식들을 환영하고 잔치를 여는 아버지가 되라는 바로 그 소명입니다.

  아들의 신분을 되찾았다면 이제는 아버지의 직분을 감당해야 합니다. 렘브란트가 그린 〈탕자의 귀향〉을 처음 보았을 때만 하더라도 잘못을 뉘우치는 아들이 된다는 건 반갑게 맞는 아버지가 되는 첫걸음에 불과하다는 걸 꿈에도 생각하지 못했습니다. 지금은 용서하고, 화해하며, 치유하고, 잔칫상을 내미는 두 손이 바로 내 것이어야 한다는 사실을 잘 압니다. 그러므로 렘브란트의 〈탕자의 귀향〉을 오래도록 묵상한 끝에 도달한 결론은 간단하고도 분명합니다. 이제는 아버지가 되어야 합니다.

아버지가 된다는 것

맺
는
글

"너희 아버지의 자비로우심같이
너희도 자비로운 자가 되라"(눅 6:36).

렘브란트의 그림 〈탕자의 귀향〉 일부를 처음 본 순간, 나의 영적인 여정은 시작되었으며 마침내 이 책을 쓰기에 이르렀습니다. 마무리지어야 하는 지금, 돌아보면 참으로 멀고도 긴 길이었습니다.

작은아들뿐만 아니라 큰아들 또한 영적인 여정의 중요한 일면을 열어줄지도 모른다는 사실에 대해서는 처음부터 받아들일 준비를 하고 있었습니다. 하지만 오랜 시간이 지나도록 아버지에 관해서는 나를 받아주고, 용서하며, 가정을 제공하고, 평화와 기쁨을 주는 '제3의 존재'쯤으로 미뤄두었습니다. 하지만 아버지는 결국 내가 돌아가야 할 곳이고, 내 여정의 종착점이며, 마지막 안식처였습니다.

아버지를 제3자로 제쳐놓고서는 결코 이 여정을 마무리할 수 없습니다. 그러한 사실을 의식하는 게 점차, 그리고 종종 견딜 수 없을 만큼 괴로웠습니다.

고독한 행로

신학적으로나 영적으로 제아무리 훌륭한 체계를 갖춘다 하더라도 하나님을 얼마쯤 위협적이고 두려운 분으로 느끼는 감정에서 완전히 자유로워질 수 없다는 것이 차츰 분명해졌습니다. 하나님의 사랑에 관해서라면 귀에 못이 박이도록 들었지만, 마음만 먹으면 언제든지 압도적인 권능을 행사할 수 있는 권세자의 이미지를 말끔히 지워 버리지는 못했습니다.

하나님의 권능을 두려워하는 마음이 너무 커서 주님의 사랑을 받아들이는 게 다소 어려웠습니다. 하늘 아버지와 친밀하게 교제하고 싶은 마음이 굴뚝같을지라도 일정한 거리를 유지하며 조심하는 것이 상책이라고 생각했습니다.

이런 경험을 가진 이들이 한둘이 아닐 겁니다. 하나님의 앙갚음과 징벌을 받게 될 거라는 두려움이 연령이나 신앙의 깊이, 생활양식과 상관없이 수많은 이들의 정신적이고 정서적인 삶을 무력화시키는 것을 보았습니다. 이처럼 삶이 마비될 정도로 하나님을 두려워한다는 것은 인간의 가장 큰 비극 가운데 하나입니다.

　렘브란트의 그림과 처절한 삶은 하늘 아버지에 대한 두려움을 깨끗이 털어내고 주님처럼 되는 길을 여는 것이 영성 생활의 마지막 단계라는 사실을 깨닫는 실마리를 제공했습니다. 생각만 해도 두렵다면 하늘 아버지는 내 중심이 아니라 마음의 울타리 바깥에 머물 수밖에 없습니다. 렘브란트는 극도로 상처받기 쉬운 아버지상을 제시함으로써 주님을 좇아 일상생활에서 거룩한 사랑을 실천하며 사는 것이 내 마지막 소명임을 깨닫게 해주었습니다.

　비록 지금은 작은아들인 동시에 큰아들의 처지지만 한없이 그 모습에 머물러서는 안 되며 아버지처럼 되어야 합니다. 어떤 아버지와 어머니도 아들딸 시절을 거치지 않고 부모가 될 수 없습니다. 하지만 자녀들은 의식적으로 어린아이의 단계를 뛰어넘어 누군가의 아버지 어머니가 되는 길을 선택해야 합니다. 힘들고도 외로운 과정을 밟아야 하지만(특히 역사적으로 부모 노릇을 잘해내기가 무척 어려운 시기라면 더욱 그럴 겁니다), 영적인 여정을 마무리하기 위해서는 피할 수 없는 일입니다.

　렘브란트는 아버지를 물리적으로 화면 중앙에 배치하지는 않았지만, 그림에서 아버지가 중심인 것만큼은 분명합니다. 모든 빛이 아버지에게서 나오며 모든 시선이 그곳으로 수렴됩니다. 비유의 내용

〈탕자를 맞이하는 아버지〉, 1642, 소묘

—

"비록 지금은 작은아들인 동시에 큰아들의 처지지만 한없이 그 모습에 머물러서는
안 되며 아버지처럼 되어야 합니다. 자녀들은 의식적으로 어린아이의 단계를 뛰어넘어
누군가의 아버지 어머니가 되는 길을 선택해야 합니다."

에 충실했던 화가는 감상자의 관심이 다른 누구보다 아버지에게 집중되도록 유도하고 있습니다.

그런데도 아버지에게 관심의 초점을 맞추는 데 그토록 오랜 시간이 걸렸던 것을 생각하면 기가 막힙니다. 우리는 자신을 아들들과 동일시하기 쉽습니다. 형제가 안팎으로 방황하는 모습에 얼마든지 공감할 수 있기 때문입니다. 인간적인 면모가 너무도 여실해서 연관성을 발견하기 무섭게 반사적으로 일체감을 느낍니다.

오래도록 자신을 작은아들로 여겨온 탓에 큰아들과 더 비슷할 가능성에 대해서는 생각조차 못해봤습니다. 그러나 친구한테서 "자넨 도리어 큰아들과 더 닮지 않았나 싶은데?"라는 소리를 듣자마자 다른 인물들은 눈에 들어오지도 않았습니다. 더 크고 작은 정도의 차이는 있을지언정 인간이라면 누구나 온갖 약점을 가지고 있습니다. 탐욕과 분노, 정욕과 원한, 경박한 행실과 시기심에서 완전히 자유로울 수 있는 인간은 아무도 없습니다. 인간의 약점은 여러 모양으로 나타날 수 있지만 죄악과 범죄, 다툼은 하나같이 마음에 그 종자를 퍼트리게 마련입니다.

하지만 아버지에 대해서는 어떻습니까? 아버지가 중심 인물이고 동일시해야 할 대상인데, 어째서 그토록 많은 관심을 두 아들에게만 쏟는 걸까요? 정작 중요한 문제는 어떻게 하면 아버지처럼 될 수 있을까 하는 것인데, 왜 형제와 닮았다는 이야기만 하는 걸까요? "나는 작은아들, 또는 큰아들과 닮았다"는 말은 불편할 게 없습니다. 누구나 이해할 수 있는 이야기이기 때문입니다.

하지만 "나는 아버지랑 비슷하다"는 말도 그만큼 편안하게 할 수 있습니까? 정말 아버지를 닮고 싶기는 한 걸까요? 진정 용서받을 뿐만 아니라 용납하는 사람이 되기를 바라기는 한 걸까요? 집으로 돌아와 환영받을 뿐만 아니라 돌아온 이를 환영하는 사람이 되기를 진심으로 원하는 걸까요? 불쌍히 여김을 받을 뿐만 아니라 가엾게 여기는 사람이 되기를 참으로 소망하는 걸까요?

의존적인 어린아이 상태로 남아 있으라는 교묘한 압력이 교회와 사회 양쪽에 존재하는 건 아닐까요? 지난날 어느 한때라도 교회가 앞장서서 영적인 아버지의 지위를 주장하기 어렵게 만드는 사조에 굴복할 것을 요구하지는 않았나요? 현대 소비사회가 어린아이 같은 자기 만족에 안주하도록 부추겨온 건 아닐까요? 미숙한 의존성을 버리고 책임감 있는 성인으로 주어진 짐을 받아들이라고 대놓고 도전한 이가 있었던가요? 아버지가 되는 두려운 과업을 회피하려고 끊임없이 발버둥치고 있지는 않았나요?

렘브란트는 분명히 그런 삶을 살았습니다. 수많은 역경과 아픔을 겪고 나서 마침내 죽음이 코앞까지 닥쳐온 뒤에야 부성의 실체를 깨담고 그것을 화폭에 옮겼습니다.

　예수님이 선포하신 가장 근본적인 주장은 아마도 "너희 아버지의 자비로우심같이 너희도 자비로운 자가 되라"(눅 6:36)는 말씀일 겁니다. 주님은 하나님의 자비를 설명하시면서, 하늘 아버지가 길 잃은 자녀를 찾고 또 찾으며 기꺼이 그 죄를 용서하고 새로운 생명과 행복을 선사하고 싶어 하신다는 사실을 보여주는 데 그치지 않고, 우리도 그분처럼 되어서 자신이 받은 그대로 다른 이들에게 거룩한 자비를 베풀도록 초청하신다는 점도 아울러 지적하셨습니다.

　탕자의 비유에 담긴 뜻이, 인간은 죄를 짓고 하나님은 용서하신다는 것뿐이라면 죄를 짓는 것을 '주님께 용서할 기회를 드리는 행위'로 착각할 수밖에 없습니다. 그런 해석에 진정한 도전은 없습니다. 자신의 연약함을 어쩔 수 없는 일로 간주하고 결국 무슨 짓을 했든지 하나님이 못 본 척 눈감아주시고 집으로 인도해주시기를 기대하게 될 겁니다. 그러나 그처럼 감정적인 감상주의는 복음서의 메시지가 아닙니다.

　아버지는 작은아들이 됐든 큰아들이 됐든, 사랑이 넘치는 아버지의 아들이라는 사실을 믿으라고 요구하십니다. 나는 상속자입니다. 바울은 그 누구보다 확신에 찬 목소리로 말합니다. "성령이 친히 우리의 영과 더불어 우리가 하나님의 자녀인 것을 증언하시나니 자녀이면 또한 상속자 곧 하나님의 상속자요 그리스도와 함께 한 상속자니 우리가 그와 함께 영광을 받기 위하여 고난도 함께 받아야 할 것이니라"(롬 8:16-17).

아들이요 상속자로서 나는 그분의 후계자가 될 겁니다. 언젠가는 아버지의 자리를 이어받아 내게 주신 그대로 다른 이들에게 자비를 베풀도록 되어 있다는 말입니다. 그러므로 아버지에게 돌아간다는 것은 궁극적으로 그분처럼 되기 위한 도전이기도 합니다.

아버지가 되라는 이 부르심은 탕자의 비유를 '달콤하게만' 해석하는 데 이의를 제기합니다. 집으로 돌아가 안전하게 머물고 싶다는 소망이 간절한 건 분명하지만, 과연 권한과 의무를 통째로 받아들이면서까지 상속자가 되길 원하는 걸까요? 하늘 아버지의 집에 머물기 위해서는 주님의 생명을 나의 것으로 삼으며 그분의 형상으로 변화되어야 합니다.

얼마 전에 거울을 들여다보다가 아버지를 쏙 빼닮은 생김새에 깜짝 놀랐습니다. 내 모습을 물끄러미 응시하는데 불현듯 스물일곱 살 때 보았던 한 남자의 영상이 떠올랐습니다.

비판하면서도 존경하고, 두려워하는 동시에 사랑하는 이였습니다. 그의 얼굴에서 내 자신을 찾는 데 에너지의 상당 부분을 투자했습니다. 현재의 정체성과 미래의 자아상을 묻는 질문 가운데 상당수는 그의 아들이 되면서 시작됐습니다. 거울에 비친 그 남자의 얼굴을 보는 순간, 여태껏 다른 점이 참으로 많은 줄 알고 살았는데 닮은 점에 비하면 그것은 아무것도 아니라는 걸 통감했습니다. 충격이었습니다. 내가 바로 상속자요 후계자였습니다. 지난날 내가 아버지에게 그랬던 것처럼 사람들 또한 나를 존중하고, 두려워하며, 칭송하고, 오해할 것입니다.

인정이 넘치는 아버지가 되어야

 탕자의 아버지를 그린 렘브란트의 그림을 보면서 더 이상 아들의 신분을 이용해 아버지가 되기를 회피해서는 안 된다는 사실을 깨달았습니다. 아들의 지위를 충분히 만끽했다면, 이제 모든 장애물들을 뛰어넘어 눈앞에 있는 저 노인처럼 되는 것을 평생의 소원으로 삼아야 한다는 진리를 주장할 때가 됐습니다.

 영원히 어린아이로 남을 수는 없습니다. 죽는 날까지 아버지 핑계만 댈 수도 없습니다. 과감하게 축복이 가득 담긴 손을 내밀어 무한한 사랑으로 자녀들을 환영해야 합니다. 아이들이 내게 대해 어떤 느낌과 생각을 가지고 있든 개의치 말아야 합니다. 렘브란트의 그림은 물론 비유에도 여실히 나타나 있지만, 인정 많은 아버지가 되는 일이 영적인 삶의 최종 목표이므로 우선 그 온전한 의미부터 탐색해

〈탕자의 귀향〉 부분, 1668, 유화

—

"아들의 지위를 충분히 만끽했다면, 이제 모든 장애물들을
뛰어넘어 눈앞에 있는 저 노인처럼 되는 것을 평생의 소원으로
삼아야 한다는 진리를 주장할 때가 됐습니다."

볼 필요가 있습니다.

무엇보다도 예수님이 '두 아들을 둔 사람'의 비유를 말씀하시게 된 전후 상황을 잘 살펴보아야 합니다. 누가는 이렇게 기록하고 있습니다. "모든 세리와 죄인들이 말씀을 들으러 가까이 나아오니 바리새인과 서기관들이 수군거려 이르되 이 사람이 죄인을 영접하고 음식을 같이 먹는다 하더라"(눅 15:1-2). 비판자들은 죄인들을 가까이 한다는 점을 꼬집으며 선생으로서의 타당성에 문제를 제기하고 있습니다.

거기에 대한 답변으로 그리스도는 꼬투리를 잡으려는 무리에게 잃어버린 양, 잃어버린 동전, 그리고 탕자의 비유를 들려주셨습니다.

예수님은 하늘 아버지의 참모습을 똑똑히 알려주고 싶어 하셨습니다. 주님이 말씀하시는 하나님은 죄인이 회개하는 것을 보고 뛸 듯이 기뻐하며 반가이 집안으로 맞아주시는 인정 많은 분입니다. 그러므로 평판이 나쁜 이들과 어울리며 먹고 마시는 것은 하나님의 가르침에 어긋나는 행동이 아니며, 도리어 실생활에서 거룩한 가르침을 온몸으로 살아내는 행위입니다.

하나님이 죄인들을 용서하신다면, 하나님을 믿는 이들도 어김없이 그 뒤를 따라야 합니다. 하나님이 죄인들을 반갑게 맞아 집으로 들이셨다면, 그분을 신뢰하는 이들 역시 똑같이 행해야 합니다. 하나님이 자비를 베푸셨다면, 그분을 사랑하는 이들 역시 그래야 합니다. 예수님이 선포하신 하나님, 그 이름으로 무수한 역사를 일으키셨던 아버지는 스스로 모든 행동의 본보기가 되셨습니다.

하지만 거기서 그치지 않습니다. 하늘 아버지처럼 되는 건 예수님이 주신 가르침의 중요한 일면이 아니라 메시지의 핵심입니다. 그것을 하나님의 참다운 아들딸이 되어야 하며 또 그렇게 되리라는 보편적인 부르심의 일부로 듣는다면, 예수님 말씀의 혁명적인 특성과 언뜻 불가능한 일처럼 보이는 주님의 요구는 더욱 명명백백해집니다.

세상에 속해 있는 한, 경쟁적인 방식에 따르지 않을 도리가 없으며 성과가 좋을수록 더 큰 보상을 기대하게 됩니다. 그러나 조건 없이 사랑을 베푸시는 하나님에게 속해 있다면 그분을 좇아 행할 수 있습니다. 세상에 속한 입장에서 하나님에게 귀속된 신분으로 돌아서는 것이야말로 예수님이 요구하시는 일생일대의 대변환입니다.

죽임을 당하기 직전, 예수님은 하늘 아버지에게 제자들을 맡기는 기도를 드렸습니다. "내가 세상에 속하지 아니함같이 그들도 세상에 속하지 아니하였사옵나이다. … 아버지께서 내 안에, 내가 아버지 안에 있는 것같이 그들도 다 하나가 되어 우리 안에 있게 하사 세상으로 아버지께서 나를 보내신 것을 믿게 하옵소서"(요 17:16-21).

일단 하나님의 아들과 딸의 신분으로 주님의 집에 머물기만 하면 그분처럼 되고, 그분처럼 사랑하며, 그분처럼 선하고, 그분처럼 돌볼 줄 알게 됩니다. 예수님은 한 점 의구심도 남기지 않고 명확하게 말씀하셨습니다. "너희가 만일 너희를 사랑하는 자만을 사랑하면 칭찬 받을 것이 무엇이냐. 죄인들도 사랑하는 자는 사랑하느니라. 너희가 만일 선대하는 자만을 선대하면 칭찬 받을 것이 무엇이냐. 죄인들도 이렇게 하느니라. 너희가 받기를 바라고 사람들에게 꾸어주면 칭찬 받을 것이 무엇이냐. 죄인들도 그만큼 받고자 하여 죄인에게 꾸어주느니라. 오직 너희는 원수를 사랑하고 선대하며 아무것도 바라지 말고 꾸어주라. 그리하면 너희 상이 클 것이요 또 지극히 높으신 이의 아들이 되리니 그는 은혜를 모르는 자와 악한 자에게도 인자하시니라. 너희 아버지의 자비로우심같이 너희도 자비로운 자가 되라"(눅 6:32-36).

이것이 복음서가 전하는 메시지의 고갱이입니다. 인류는 하나님의 방식으로 서로 사랑하라는 명령을 받았습니다. 렘브란트가 그려낸 아버지의 모습에서 보는 그대로 이기심이 섞이지 않은 적극적인 방식으로 서로 사랑하도록 부르심을 받은 겁니다. 사랑을 품고 가엾게 여기는 마음이 경쟁적인 생활 방식의 토대가 될 수는 없습니다. 도리어 경쟁 냄새가 조금도 나지 않는 절대적인 자비가 드러나야 정상입니다. 원수에게까지 미치는 지극한 사랑 말입니다. 하나님 품에 안길 뿐만 아니라 주님처럼 받아들이기도 하려면 하늘 아버지처럼 변화되어 하나님의 눈으로 세상을 보아야 합니다.

예수님이 비유로, 또는 직선적인 말씀으로 전해주신 가르침보다 더 중요한 건 그분의 인성입니다. 그리스도는 하늘 아버지의 참아들입니다. 자녀들이 아버지를 닮아가는 데 모델로 삼아야 할 분입니다. 예수님 안에는 하나님이 온전히 거하십니다. 주님은 하나님을 속속들이 아십니다. 아버지와 너무도 친밀하고 완벽하게 하나가 되셔서 성자 예수님을 보는 것은 곧 성부 하나님을 보는 것과 같습니다. 빌립이 "주여 아버지를 우리에게 보여 주옵소서"(요 14:8)라고 말씀드리자, 주님은 "나를 본 자는 아버지를 보았거늘"(요 14:9)이라고 대답하셨습니다.

예수님은 자식이 된다는 게 진정 어떤 것인지 똑똑히 보여줍니다. 주님은 거역하지 않는 작은아들이며, 원망하지 않는 큰아들입니다. 범사에 아버지에게 순종했지만 결코 노예가 되지는 않으셨습니다. 아버지가 세상에 보내며 맡기신 일을 다 이루었지만 철저히 자유로우셨습니다. 모든 걸 주시고 또 모든 걸 받으셨습니다.

주님은 당당히 선언하셨습니다. "그러므로 예수께서 그들에게 이르시되 내가 진실로 진실로 너희에게 이르노니 아들이 아버지께서 하시는 일을 보지 않고는 아무것도 스스로 할 수 없나니 아버지께서 행하시는 그것을 아들도 그와 같이 행하느니라. 아버지께서 아들을 사랑하사 자기가 행하시는 것을 다 아들에게 보이시고 또 그보다 더 큰 일을 보이사 너희로 놀랍게 여기게 하시리라. 아버지께서 죽은 자들을 일으켜 살리심같이 아들도 자기가 원하는 자들을 살리느니라. 아버지께서 아무도 심판하지 아니하시고 심판을 다 아들에게 맡기셨으니 이는 모든 사람으로 아버지를 공경하는 것같이 아들을 공경하게 하려 하심이라. 아들을 공경하지 아니하는 자는 그를 보내신 아버지도 공경하지 아니하느니라"(요 5:19-23).

거룩한 자녀가 된다는 것은 바로 이런 겁니다. 하나님은 이런 자녀의 신분을 갖도록 우리를 부르셨습니다. 대속代贖의 신비는 하늘 아버지의 잃어버린 자녀들이 모두 예수님처럼 거룩한 아들딸의 신분을 얻을 수 있도록 창조주의 독생자가 육신을 입었다는 데 있습니다. 이런 관점으로 보면 탕자의 비유는 전혀 다른 차원의 이야기가 됩니다. 성부 하나님의 사랑하는 아들인 예수님은 빗나간 자녀들의 죄를 거두어 집으로 가져오기 위해 집을 떠나셨습니다. 하지만 멀리 떨어져 있는 동안에도 아버지와 친밀하게 교제하셨으며 전폭적인 순종을 통해 원망하는 형제자매들에게 치유의 길을 제공하셨습니다.

예수님은 내게 아버지가 되는 법을 보여주기 위해 큰아들뿐만 아니라 작은아들이 되십니다. 나는 주님을 통해 진정한 아들로 거듭날 수 있으며 참아들로 성장해 하늘 아버지처럼 측은히 여기는 마음을 가득 갖게 됩니다.

살면 살수록 영적인 아버지의 지위로 성장한다는 것이 한없이 고되고 도전적이지만 다른 한편으로는 또 얼마나 만족스러운 일인지 새록새록 느낍니다.

렘브란트의 그림에 권력, 영향력, 지배권 등의 사고가 끼어들 여지는 전혀 없습니다. 수많은 상사들이 다 사라지고 마침내 가장 높은 자리에 오르는 꿈을 꿀 수 있습니다. 하지만 그것은 권력이 주요 관심사인 세상의 방법입니다. 주변에서 흔히 보듯, 일생을 바쳐서 원하는 지위를 차지한다 하더라도 그 역시 전임자들과 비슷한 전철을 밟기 일쑤입니다. 영적인 아버지의 자리는 권력이나 지배와 아무 상관이 없습니다. 그 자리는 불쌍히 여기고 자비를 베푸는 자리입니다. 탕자를 끌어안고 있는 아버지의 그림을 볼 때마다 문득문득 그 진리를 엿보게 됩니다.

무엇이 가장 선한 뜻인지 잘 알면서도 계속해서 권력을 쥐는 데 연연하는 내 모습을 봅니다. 조언 하나를 하더라도 거기에 따를 것인지 여부를 알고 싶어 합니다. 도움을 줄 때는 고맙다는 소리를 듣고 싶어 합니다. 기부할 때는 그 돈을 이편에서 시키는 대로 사용해주길 기대합니다. 조금이라도 좋은 일을 할 때면 상대편이 기억해주길 소망합니다. 동상이나 기념비까지는 아닐지라도 누군가의 생각과 사고에 얼마쯤은 살아 숨쉬면 좋겠다고 생각합니다.

그러나 탕자의 아버지는 자신에게는 눈곱만큼도 관심이 없습니다. 오랜 세월 걸쳐 고통스럽게 지내온 탓에 무언가를 지배하려는 욕구 자체가 사라졌습니다. 관심사가 있다면 자녀들뿐입니다. 아들 딸들에게 자신을 온전히 내어주고 그들을 위해 모든 것을 쏟아붓고 싶어 합니다.

보답을 전혀 기대하지 않고 베풀며 아무런 조건 없이 사랑할 수 있을까요? 남들한테 인정과 사랑을 받으려는 욕심이 엄청난 나에게 그것은 평생 씨름해야 할 문제입니다. 하지만 그런 욕망을 넘어 대가에 관심을 두지 않고 자유롭게 행동할 때마다 참다운 성령의 열매를 맺는 삶을 살게 되리라고 믿습니다.

이러한 영적인 아버지의 자리에 들어갈 방법이 있을까요? 아니면 세상에서 내 자리를 찾으려는 욕구에 사로잡혀 자비의 권위를 행사하는 대신, 때때로 권력의 위세를 내보이는 신세에서 헤어나지 못하게 될까요? 존재 전체에 경쟁 의식이 속속들이 스며든 나머지 내 자녀들을 경쟁자로 보게 될까요? 예수님이 정말 나를 하늘 아버지가 자비로우신 것처럼 측은히 여기는 마음을 품도록 부르시고 그런 삶으로 이어지는 통로로 자신을 제시하셨다면 계속 '경쟁만이 살 길'이라는 듯 행동해서는 안 됩니다. 주님은 하늘 아버지처럼 되도록 우리를 부르셨으며 그럴 능력을 주신다는 사실을 믿어야 합니다.

슬픔, 용서, 그리고 너그러운 마음

렘브란트가 그린 아버지를 찬찬히 살펴보면, 슬픔과 용서, 너그러운 마음 등 참으로 인정 넘치는 아버지가 되는 세 가지 길이 눈에 들어옵니다.

슬퍼하는 것이 가엾게 여기는 방법이라니, 이상하게 들릴지 모릅니다. 그러나 분명한 사실입니다. 자신의 죄는 물론이고 세상의 죄까지 마음에 사무치게 받아들여서 억수같이 눈물을 흘려야 합니다. 눈물을 쏟지 않는 한, 측은히 생각하는 마음도 없습니다. 눈에서 줄줄 흘러내리지는 않을지라도 마음의 샘에서는 펑펑 솟아나야 합니다. 거룩한 자녀들이 벌이고 있는 엄청난 탈선 행위들과 정욕, 탐심, 폭력, 분노, 원망을 생각하면, 그리고 그것을 하나님 마음의 눈으로 바라보면 절절한 슬픔에 눈물을 쏟으며 울부짖을 수밖에 없습니다.

보아라, 내 영혼아, 인류가 서로에게 고통을 안기려고 안간힘을 쓰는 것을! 동료들에게 해를 끼칠 궁리에 골몰하는 이 인간들을! 어린 자녀를 학대하는 부모들을! 일꾼들을 착취하는 주인들을! 폭행당한 여인, 혹사 당하는 남정네, 버려진 아이들을! 내 영혼아, 세상을 한번 둘러보라! 집 단수용소들, 감옥들, 요양원들, 병원들을 보라! 그리고 가난한 이들의 부르짖음을 들으라!

 슬픔은 기도입니다. 세상에는 이렇게 슬퍼하는 이들이 거의 다 사라졌습니다. 그러나 슬픔은 세상의 죄를 직시하고 그 자체가 사랑하는 데 꼭 필요한 자유를 얻기 위해 필요한 서글픈 대가임을 의식하는 훈련입니다. 기도 가운데 상당 부분은 슬픔입니다. 나는 그것을 깨달아가고 있는 중입니다.
 이 슬픔은 말할 수 없이 깊습니다. 인간의 죄가 너무 커서이기도 하지만 그보다는 거룩한 사랑이 한없이 크기 때문입니다. 가엾게 보는 것 말고는 아무 권위도 내세우지 않으시는 하늘 아버지처럼 되기 위해서는 수없이 눈물을 쏟으며 상대가 여태껏 어떤 길을 걸어왔든 상관없이 받아들이고 한결같은 마음으로 용서할 마음의 준비를 갖추어야 합니다.
 영적으로 아버지가 될 수 있는 두 번째 방법은 용서입니다. 하늘 아버지처럼 되려면 끊임없이 용서해야 합니다. 마음으로 용서한다는 건 힘들고 또 힘든 일입니다. 거의 불가능하다 해도 지나친 말이 아닙니다. 예수님은 제자들에게 말씀하셨습니다. "만일 하루에 일곱 번이라도 네게 죄를 짓고 일곱 번 네게 돌아와 내가 회개하노라 하거든 너는 용서하라 하시더라"(눅 17:4).

흔히 "난 벌써 다 잊었는데 용서하고 말고 할 게 뭐 있어"라고 이야기하지만, 말과는 달리 마음에는 여전히 분노와 원한이 남아 있기 일쑤입니다. 여전히 내가 백번 옳다는 소릴 듣고 싶어 합니다. 미안하다, 잘못했다는 인사를 받아야 직성이 풀릴 것 같습니다. 용서하는 대신, 그렇게 용서하다니 대단하다는 따위의 칭찬이라도 들어야 속이 후련합니다.

하지만 하나님의 용서는 무조건적입니다. 대가를 요구하지 않는 마음, 이기적인 욕구가 완전히 사라진 심령에서 비롯된 용서입니다. 바로 그 용서를 일상생활에서 실천해야 합니다. 그러자면 용서한다는 건 지혜롭지 못하고, 불건전하며, 비현실적이라는 내면의 소리를 뛰어넘어야 합니다. 감사와 칭찬을 받으려는 모든 욕구를 초월하는 도전에 나서야 합니다. 그리고 마지막으로, 아프고 억울한 느낌을 주며 용서해야 할 누군가 앞에 몇 가지 전제 조건을 내밀고 싶게 만드는 상처를 딛고 넘어가야 합니다.

이 '초월'이야말로 용서에 꼭 필요한 훈련입니다. 어쩌면 뛰어넘는다기보다 타넘는다고 말하는 편이 더 정확할지 모릅니다. 개인적으로는 다툼과 분노의 벽을 타넘어야 할 때가 너무 많습니다. 사랑하지만 그 사랑에 반응하지 않기 일쑤인 이들 앞에 내가 쌓아놓은 장벽입니다. 이용당하거나 다시 상처를 입게 될지도 모른다는 두려움의 벽입니다. 교만의 장벽이며 지배력을 유지하고 싶은 욕구의 벽입니다. 하지만 그 벽을 뛰어넘거나 타넘을 때마다 아버지가 계신 집에 들어가며 거기서 따듯한 사랑이 가득한 이웃들과 만날 수 있습니다.

슬픔은 장벽 너머를 바라보게 해줄 뿐만 아니라 길을 잃어버리면서 인간에게 엄청난 고통이 찾아왔음을 깨닫게 해줍니다. 마음을 열고 동료들과 진정한 유대감을 갖도록 이끌어줍니다. 용서는 장벽을 뛰어넘는 길이자 보답에 대한 기대 없이 다른 이들을 마음으로 반가이 맞아들이는 길이기도 합니다.

스스로 하나님이 가장 사랑하는 자녀라는 사실을 잊지 말아야 합니다. 그래야만 돌이켜 되돌아오고 싶어 하는 이들을 하나님이 나를 환영해주신 것과 똑같은 사랑으로 맞을 수 있습니다.

하나님 아버지처럼 되는 세 번째 방법은 너그러운 마음을 품는 겁니다. 비유를 보면, 아버지는 떠나가는 아들이 요구하는 대로 모든 것을 다 내어주었을 뿐만 아니라 집에 돌아온 것을 환영하며 온갖 선물을 퍼부었습니다. 또 큰아들에게는 "내가 가진 모든 것은 다 네

〈간음한 여인을 용서하는 예수님〉, 1659, 소묘

—

"하나님의 용서는 무조건적입니다. 대가를 요구하지 않는 마음,
이기적인 욕구가 완전히 사라진 심령에서 비롯된 용서입니다.
바로 그 용서를 일상생활에서 실천해야 합니다."

것"(눅 15:31, 새번역)이라고 말했습니다. 본인을 위해서는 아무것도 챙기지 않습니다. 두 아들에게 자신을 다 쏟아부었습니다.

아버지는 단순히 죄인에게 합당한 처분보다 훨씬 관대한 대접을 해준 것이 아닙니다. 전혀 아닙니다. 아버지는 아무것도 따로 떼어놓지 않고 가진 것을 몽땅 주어버렸습니다. 노인에게 두 아들은 문자 그대로 '전부'였습니다. 자식들에게 자기 생명을 건넸습니다. 큰아들에게 '아버지 마음의 일부를 독차지하고 있음'을 설명하면서 동생과 한자리에 앉아 즐기자고 권유하는 모습뿐만 아니라, 작은아들에게 겉옷을 입히고 반지를 끼워주며 신발을 신긴 뒤에 성대한 잔치를 열어 귀향을 축하하는 장면 역시 가장의 행동 반경을 완전히 넘어서고 있는 게 분명합니다.

이것은 어느 훌륭한 아버지를 그린 그림이 아닙니다. 선하고, 사랑이 넘치며, 용서하고, 두루 보살피며, 한없는 기쁨과 자비를 가진 하나님의 초상입니다. 예수님은 온갖 표현을 총동원해 하나님의 너그러운 마음을 보여주십니다. 주님은 그 당시 문화의 틀 안에서 설명하셨지만 그 비유는 지금도 변신을 거듭하고 있습니다.

하늘 아버지처럼 되려면 그분이 너그러우신 것처럼 넉넉해져야 합니다. 하나님이 자녀들에게 자신을 내어주셨던 것과 마찬가지로 형제자매들에게 자신을 바쳐야 합니다. 예수님은 그렇게 자신을 허락하는 것이야말로 진정한 제자의 징표임을 명확하게 말씀하셨습니다. "사람이 친구를 위하여 자기 목숨을 버리면 이보다 더 큰 사랑이 없나니"(요 15:13).

자신을 준다는 것은 훈련이 필요한 일입니다. 저절로 생기는 품성이 아니기 때문입니다. 두려움과 이기심, 탐욕, 권력이 지배하는 어둠의 자식들에게는 생존과 자기 보존의 욕구가 가장 큰 동기가 됩니다. 하지만 완전한 사랑이 모든 두려움을 쫓아낸다는 사실을 알고 있는 빛의 자녀들은 가진 것을 송두리째 남을 위해 내어주는 일이 가능해집니다.

빛의 자녀들은 스스로 참다운 순교자, 다시 말해서 하나님의 한없는 사랑을 삶으로 입증해보이는 증인이 될 준비를 갖추어야 합니다. 모든 걸 주는 이는 모든 걸 얻게 됩니다. 예수님은 분명히 말씀하셨습니다. "누구든지 나와 복음을 위하여 자기 목숨을 잃으면 구원하리라"(막 8:35).

너그러운 마음을 갖는 쪽으로 한 걸음씩 내디딜 때마다 두려움에서 사랑으로 옮겨가는 걸 느낄 수 있습니다. 물론 한 발짝 한 발짝이 쉽지는 않습니다. 이런 감정 저런 생각이 아낌없이 주는 것을 가로막기 때문입니다. '나한테 상처를 입힌 사람한테 에너지와 시간, 돈, 무엇보다도 관심을 줄 이유가 무어란 말인가? 그걸 고맙게 여길 줄 모르는 상대에게 삶을 나눠줄 필요가 있을까? 그런데도 기꺼이 용서하고 거기에 더해 모든 것을 주어야 하다니!'

그렇지만 영적으로 보면 아픔을 준 이들은 사실 나의 혈족이고 피붙이들입니다. 너그러움을 의미하는 영어 단어 generosity는 gen이란 어휘를 포함하고 있습니다. 이 말은 gender(성), generation(세대), generativity(생산성) 같은 용어에도 들어가 있습니다. gen은 같은 유형의 존재를 가리키는 라틴어 *genus*와 그리스어 *genos*에서 나왔습니다.

그러므로 generosity, 곧 너그러움은 긴밀한 유대에서 비롯된 베풂을 의미합니다. 진정한 관용이란 용서해야 할 대상이 일가붙이며 한 가족이라는 사실(느낌이 아닙니다)에 근거해서 행하는 것을 말합니다. 그런 식으로 너그러운 마음가짐을 보일 때마다 그 사실은 더 분명해질 겁니다. 너그러움은 신뢰할 만한 가족을 창출해냅니다.

슬픔과 용서, 너그러운 마음은 내 안에서 아버지의 모습을 키워갈 수 있는 세 가지 방법입니다. 한편으로는 아버지가 내리신 집에 있으라는 부르심의 세 얼굴이기도 합니다.

이제는 아버지가 되었으므로, 작은아들이나 큰아들 신분으로 집에 돌아오는 것이 아니라 집에 머물러 있다가 돌아온 자녀들을 기쁘게 환영하는 인물이 되라는 소명을 받은 겁니다. 마냥 집에서 기다린다는 것은 좀 힘든 일이 아닙니다. 집을 떠난 이들을 기억하며 슬픔 속에 대기하는 일이며 돌아온 이들에게 용서와 새 생명을 주려는 소망을 품고 기다리는 일입니다.

 아버지로서는 인간이 마음으로 소망하는 모든 것이 집에 다 있다는 믿음이 있어야 합니다. 호기심에 차서 여기저기 두리번거리려는 욕구라든지, 어린 시절에 놓쳐버렸다고 생각하는 기회를 다시 잡으려는 욕심에서 벗어나야 합니다. 청춘은 흘러갔으며, 여전히 어린아이의 장난감을 만지작거리는 것은 스스로 노쇠했고 죽음을 목전에 두었다는 진실을 덮으려는 우스꽝스러운 몸짓에 불과하다는 걸 알아야 합니다.

 영적인 성인으로서 주어진 책임을 기꺼이 받아들이는 동시에, 오직 삶의 여정 속에서 다치고 깨진 이들을 반가이 환영하며 잘잘못을 따지거나 대가를 바라지 않는 마음으로 사랑하는 데서 진정한 기쁨과 만족이 온다는 사실을 과감히 받아들여야 합니다.

 영적인 아버지가 되는 데는 두려울 만큼 비어 있는 공간이 존재합니다. 거기엔 권력도, 성공도, 인기도, 쉽게 얻는 만족도 없습니다. 하지만 철저하게 비운 그 여백은 곧 진정한 자유가 깃드는 자리기도 합니다. '더 이상 잃을 게 없는'[1] 곳이며, 사랑에 아무런 조건이 붙지 않는 지점이자, 참다운 영적인 능력을 찾을 수 있는 장소입니다.

그처럼 두렵고도 풍성한 내면의 빈 공간에 들어가면 누구든 정죄하지 않고 소망을 전달하며 반가이 맞을 수 있습니다. 거기서는 평가하거나, 분류하거나, 분석하지 않고 다른 이들의 짐을 주저 없이 받아들입니다. 그처럼 심판과 판단이 완전히 배제된 상태에서 새로운 신뢰를 쌓아가는 겁니다.

언젠가 살날이 얼마 남지 않은 친구한테 인사하러 갔다가 거룩한 비움을 직접 체험했습니다. 죽어가는 친구 앞에서 과거를 캐묻거나 미래에 관해 장밋빛 꿈을 펼쳐보인다는 건 그야말로 무의미한 일이었습니다. 우린 그저 함께 있었을 따름입니다. 아무런 두려움도, 죄책감이나 수치심도, 걱정도 없었습니다. 그처럼 마음을 비우자 하나님의 무조건적인 사랑이 더 생생하게 다가왔습니다.

비로소 연로한 시므온이 아기 예수를 팔에 안고 했던 것과 같은 얘기를 나눌 수 있었습니다. "주님, 이제 주님께서는 주님의 말씀을 따라, 이 종을 세상에서 평안히 떠나가게 해주십니다"(눅 2:29, 새번역). 철저한 공백, 그 한복판에 완전한 신뢰, 완벽한 평화, 온전한 기쁨이 자리잡았습니다. 죽음은 더 이상 맞서 싸워야 할 적이 아니었습니다. 최후의 승리는 사랑의 몫이었습니다.

대가를 바라지 않는 사랑으로 마음을 깨끗이 비워낼 때마다 하늘과 땅이 울리고 '하나님의 사자들 앞에'(눅 15:10) 큰 기쁨의 샘물이

솟아납니다. 아들딸들이 돌아온 데서 비롯된 환희입니다. 영적인 아버지만이 맛볼 수 있는 희열입니다.

이렇게 영적인 아버지의 삶을 살아내자면 집에 머무는 철저한 훈련이 필요합니다. 늘 인정과 사랑에 목말라 하는 자기 부정적인 인간인 나로서는 대가를 기대하지 않고 꾸준히 사랑한다는 게 거의 불가능에 가깝습니다. 하지만 훈련이란 엄밀하게 말해서 제힘으로 대단한 공을 세우고 싶어 하는 마음을 포기하는 것을 말합니다. 스스로 영적인 아버지가 되어 가엾게 여기는 마음에서 나오는 권위를 행사하기 위해서는 거역하는 작은아들과 원망 가득한 큰아들을 무대로 불러올려, 하늘 아버지가 내게 베푸신 조건 없이 용서하는 사랑을 받아들이게 하며, 내 아버지가 집에 머무시는 것처럼 집을 벗어나지 말라고 요구하시는 그 거룩한 부르심을 깨닫게 해주어야 합니다.

그렇게 되면 내 안의 두 아들은 점차 인정이 넘치는 아버지로 변해갈 수 있습니다. 이러한 변화는 불안한 마음 가장 깊숙이 숨어 있는 소망을 충족시켜줍니다. 피로한 팔을 뻗어 은총이 가득한 두 손을 집에 돌아온 아이들의 어깨 위에 올려놓는 것이야말로 무엇과도 견줄 수 없는 큰 기쁨이기 때문입니다.

몸으로 그림을 살다

에
필
로
그

1983년 어느 가을날, 렘브란트의 포스터를 처음 만났을 때는 집에 돌아온 자식을 가슴팍으로 끌어당기고 있는 노쇠한 아버지의 두 손에만 온 관심이 쏠렸습니다. 용서와 화해, 치유가 거기에 있었습니다. 집에서만 누릴 수 있는 안전감과 쉼도 보였습니다. 생명을 주고받는 아버지와 아들의 포옹에 한없이 깊은 감동을 받았습니다. 탕자가 받은 그대로 환영받고 싶다는 갈망이 마음에 들끓었습니다. 그 만남은 집으로 돌아가는 내 영적인 여정의 출발점이었습니다.

라르쉬 공동체는 차츰 내 집으로 변해갔습니다. 그때까지 살아오면서 어느 한 순간도 정신지체를 가진 이들이 축복의 몸짓으로 두 손을 내게 얹거나 집을 제공해줄 거라고는 꿈조차 꿔본 적이 없습니다. 오래도록 지혜롭고 명석한 이들 사이에서 안전과 안정을 찾아 헤맸을 뿐, 하나님나라의 일이 '어린아이들에게'(마 11:25) 계시되었으며, 주님이 "세상의 미련한 것들을 택하사 지혜 있는 자들을 부끄럽게"(고전 1:27) 하신다는 사실을 거의 깨닫지 못했습니다.

하지만 무엇 하나 내세울 만한 게 없는 이들의 따듯하고 진심 어린 영접과 아무것도 묻지 않는 친구들의 사랑 넘치는 포옹을 경험하면서, 진정한 귀향이란 하나님나라에 속해 있는 심령이 가난한 이들에게 돌아간다는 뜻임을 눈치채기 시작했습니다. 하늘 아버지의 포옹은 정신적으로 가난한 이들이 껴안아주는 몸짓을 통해 대단히 구체적인 현실이 되었습니다.

지적장애를 가진 이들의 공동체를 방문했다가 렘브란트의 그림과 대면하면서 구원의 신비에 깊이 뿌리내린 관계를 맺게 됐습니다. 하

나님이 주신 은총과 가난한 이들이 베풀어준 축복 사이를 연결 지을 수 있게 된 겁니다.

라르쉬 생활을 통해 그 둘이 실제로는 하나임을 실감했습니다. 네덜란드를 대표하는 이 거장은 내 마음의 가장 절실한 갈망과 직면하게 해주었을 뿐만 아니라, 처음 만난 바로 그 공동체를 통해 충족될 수 있다는 사실에 눈뜨도록 이끌어주었습니다.

트로즐리에서 렘브란트의 포스터를 본 지 6년이 됐고, 라르쉬를 집으로 삼기로 결심한 뒤로도 5년이 흘렀습니다. 지난 세월을 돌아볼 때마다 지적장애를 가진 친구들과 그 도우미들이 상상보다 더 완벽하게 렘브란트의 그림을 온몸으로 '살게' 해주었다는 것을 느끼게 됩니다. 라르쉬의 여러 집들에서 받았던 따뜻한 환영과 함께 즐겼던 잔치들은 집으로 돌아온 작은아들의 기분을 만끽하게 해주었습니다.

_〈타워 곁에 있는 집〉 부분, 1650, 소묘

사실 환영과 잔치는 '방주에서 사는 삶'의 두 가지 두드러진 특성이라고 할 수 있습니다. 라르쉐에는 환영의 몸짓, 포옹과 입맞춤, 노래와 연극, 잔치음식이 늘 넘쳐나서 외부인들에게는 날이면 날마다 환영잔치만 하는 것처럼 보일 정도입니다.

한편으로는 큰아들의 삶도 살았습니다. 상트페테르부르크에 가서 전도全圖를 보기 전까지는 큰아들이 얼마나 큰 비중을 차지하고 있는지 몰랐습니다. 화폭 위로 화가가 그려넣은 긴장이 팽팽하게 흘렀습니다. 그림에는 아버지와 작은아들 사이의 빛으로 충만한 화해뿐만 아니라 어둡고 원망으로 가득한 큰아들의 거리감도 보였습니다. 회개뿐만 아니라 분노도 존재했습니다. 연합뿐만 아니라 소외도 나타났습니다. 상처를 치유하는 광선의 따뜻함뿐만 아니라 비판적인 눈길의 냉엄함도 느낄 수 있었습니다. 자비로운 제안뿐만 아니라 받아들이기를 한사코 거부하는 엄청난 저항도 감지되었습니다. 내 안의 큰아들과 마주치는 데는 그리 오래 걸리지 않았습니다.

공동체 생활은 어둠을 내몰아주지 않았습니다. 오히려 정반대였습니다. 라르쉐로 이끌었던 그 빛이 이번에는 내 안에 존재하는 어둠을 드러내는 것만 같았습니다. 용서와 화해, 치유를 추구하는 공동체 생활을 하면서도 질투, 분노, 거부 또는 무시를 당했다는 느낌에 시달렸습니다. 공동체 생활은 본격적인 영적 전투, 정확하게 말해서 더할 나위 없이 짙은 어둠 속에서 빛을 향해 전진하는 투쟁의 물꼬를 터놓았습니다.

혼자 생활한다면 큰아들을 들키지 않도록 감추기가 한결 쉬웠을 겁니다. 하지만 감정을 숨길 줄 모르는 이들과 더불어 살다보니 얼마 지나지 않아 내면의 큰아들이 불쑥 튀어나오곤 했습니다. 공동체 생활에는 낭만이 발붙일 자리가 거의 없습니다. 남은 길은 어둠의 심연에서 벗어나 아버지의 포옹이 기다리는 무대 위로 끊임없이 걸어나가는 것뿐입니다.

지적장애를 가진 이들은 더 이상 잃을 게 없습니다. 그래서일까요? 참모습을 교묘하게 은폐하지 않고 고스란히 보여줍니다. 두려움뿐만 아니라 사랑도, 뼈아픈 고통뿐만 아니라 온화함도, 이기심뿐만 아니라 너그러움도 노골적으로 표현합니다. 스스로 생긴 그대로 존재하고 살아갈 뿐만 아니라, 위선적인 내 방어막을 열어젖히고 들어와서는 그들처럼 자신을 드러내라고 요구합니다.

라르쉬 식구들의 장애는 내 장애를 폭로합니다. 그들의 아픔은 내 아픔을 생생하게 비춰냅니다. 그들의 연약함은 내 연약함을 보여줍니다. 라르쉬는 내 안의 큰아들과 당당히 맞서도록 몰아세웠고 마침내 집으로 들어갈 길을 터주었습니다.

집으로 돌아온 것을 환영하며 잔치를 열어주었던 바로 그 지적 장애인들이 이번에는 여전히 돌이키지 않고 버티는 내 자아를 눈앞에 들이대며 아직도 갈 길이 멀다는 것을 실감하게 해준 겁니다.

이러한 깨달음들이 내 삶 깊숙이 영향을 미치기는 했지만, 라르쉬가 준 가장 큰 선물을 꼽으라면 뭐니 뭐니 해도 아버지가 되라는 도전이 아니었을까 싶습니다. 대다수 공동체 식구들보다 연장자이고 성직자인 까닭에 '아버지'라는 개념이 스스로 낯설지는 않았습니다. 성직자로 안수를 받았으므로 이미 아버지에 준하는 직함을 가지고 있었습니다. 이제 남은 건 이름에 걸맞은 삶을 사는 일뿐입니다.

지적장애를 가진 이들과 그 도우미들의 공동체에서 아버지가 된다는 건 작은아들과 큰아들이 씨름했던 문제들과 투쟁하는 것보다 훨씬 더 큰 노력이 필요한 일입니다. 렘브란트의 그림에 나오는 아버지는 온갖 고통을 통해 텅 빈 상태에 이른 아버지입니다. 아픔과 괴로움을 안겨주었던 수많은 '죽음들'을 겪으면서 아버지는 주고받는 일에서 완전히 자유로워졌습니다. 앞으로 내민 노인의 두 손은 구걸하거나, 무언가를 붙들거나, 요구하거나, 경고하거나, 심판하거나, 정죄하고 있지 않습니다. 오직 은총을 베푸는, 가진 것을 다 주고 아무것도 기대하지 않는 손입니다.

이제 나는 어렵다 못해 불가능해 보이기까지 한 임무 앞에 섰습니다. 바울은 분명히 말하고 있습니다. "내가 어렸을 때에는 말하는 것이 어린아이와 같고 깨닫는 것이 어린아이와 같고 생각하는 것이 어린아이와 같다가 장성한 사람이 되어서는 어린아이의 일을 버렸노라"(고전 13:11). 여기에 대면 곁길로 나간 작은아들이나 성을 내는 큰아들이 되는 쪽이 훨씬 편해보입니다.

우리 공동체에는 엇나가고 성난 아이들이 가득합니다. 다들 고만고만해서 연대감이 이만저만 단단하지 않습니다. 하지만 공동체에서 생활한 세월이 길어질수록 그 연대감이라는 것이 더 외로운 목적지(아버지의 고독, 하나님의 고독, 사랑하는 한 피할 수 없는 지독한 고독)를 향해 가는 길에 서 있는 간이역에 지나지 않는다는 것을 알게 됩니다. 작은아들이나 큰아들이 더 필요하지는 않습니다. 회심하고 돌아왔든 그렇지 않든 상관없습니다.

이제 늘 손을 내민 채 살며 한시바삐 아이들이 돌아와서 그 어깨에 손을 내려놓고 쉬기를 학수고대하는 아버지가 있어야 합니다. 하지만 내 안에 있는 모든 것들이 들고일어나서 그 부르심에 저항합니다. 내면의 아이에 집착합니다. 거의 눈이 먼 노인이 되고 싶지 않습니다. 아이들이 집에 돌아오기를 마냥 기다리는 것이 싫습니다. 더불어 먼 지방으로 가거나 일꾼들과 함께 농장으로 나가는 편이 훨씬 낫다고 생각합니다.

아무것도 묻지 않고 입을 다문다는 것이 맘에 들지 않습니다. 궁금한 것이 너무 많아서 시시콜콜 전모를 알고 싶습니다. 물어봐야 할 일도 한두 가지가 아닙니다. 달려와서 품에 안기려는 이도 없는데 줄곧 두 팔을 내밀고 있는 것도 끔찍합니다. 특히 아버지나 아버지에 버금가는 인물들이 자기 문제의 근원이라고 생각하는 이들이 수두룩할수록 더 그렇습니다.

그러나 이미 아들로 오랜 세월을 살아온 터라, 궁극적이고 참다운 소명은 한없이 너그러운 자비로움으로 축복하며, 이것저것 따지지 않으며, 항상 베풀고 용서하며, 보답을 전혀 기대하지 않는 아버지가 되는 것임을 잘 압니다.

공동체에서는 이 모든 일들이 온통 뒤엉킨 채 일어납니다. 무슨 일이 벌어지고 있는지 다 알아야 직성이 풀립니다. 오르락내리락하는 식구들의 일상생활에 일일이 끼어들고 싶습니다. 나를 기억하고, 초대하고, 소식을 알려주면 좋겠습니다. 하지만 이런 바람을 아는 이도 많지 않고, 설령 의식하고 있다 하더라도 어떻게 반응해야 할지 어려워합니다. 장애를 가졌든 그렇지 않든, 공동체 식구들이 찾는 건 동료나 놀이친구, 형제가 아닙니다. 그들이 애타게 찾는 건 아버지입니다. 자기들처럼 무언가를 요구하는 것이 아니라 아무것도 바라지 않으면서 다만 축복하고 용서해줄 아버지 말입니다.

그런 아버지가 되라는 부르심을 잘 알지만 그 진리를 좇는다는 것이 내 눈에는 거의 불가능해 보입니다. 욕망을 따라서든 분노를 이기지 못해서든 다들 밖으로 나가는데 혼자서만 집안에 머물고 싶지는 않습니다. 나 역시 똑같은 충동을 느낍니다. 남들처럼 이리저리 돌아다니면 좋겠습니다.

하지만 뛰쳐나갔던 이들이 지치고, 탈진하고, 흥분하고, 실망하고, 죄책감과 수치심에 사로잡힌 채 돌아왔을 때 과연 누가 집에 있게 될까요? 돌아가서 안전하게 쉴 곳이 있으며 따듯한 품이 기다린다는 사실을 누가 그들에게 확실하게 이야기해줄 수 있을까요? 나마저 나가버린다면 누가 거기 있어줄까요? 아버지로서 느끼는 환희는 빗나간 자식들이 맛보는 기쁨과는 판이하게 다릅니다. 그것은 거부와 외로움을 뛰어넘는 희열입니다. 그렇습니다. 인정과 소속감마저 초월한 기쁨입니다. 하늘 아버지로부터 그 직분을 부여받고(에베소서 3장 15절을 보십시오) 그 거룩한 고독에 참여하는, 오직 아버지의 신분을 가진 이만이 누릴 수 있는 기쁨입니다.

스스로 아버지의 신분을 내세우는 이가 가뭄에 콩 나듯 드물다는 것은 전혀 놀라운 일이 아닙니다. 당해야 할 고통은 너무 뚜렷하고 얻을 수 있는 기쁨은 눈에 잘 들어오지도 않습니다. 나도 마찬가지입니다. 아직까지도 아버지가 되었음을 당당하게 주장하지 못하고 있습니다. 영적인 성인으로서 마땅히 감당해야 할 책임을 기피하고 있는 셈입니다. 더 나아가 하나님이 주신 소명을 외면하는 꼴입니다. 이보다 더 나쁜 일이 또 있을까요?

하지만 내 욕구에 정면으로 배치되는 일을 어떻게 선택할 수 있단 말입니까? 귓가에 속삭이는 음성이 들립니다. "걱정 마라. 독생자가 네 손을 잡고 아버지의 자리에 들어갈 수 있게 이끌어줄 것이다." 이것은 믿을 만한 음성입니다. 가난하고, 연약하고, 소외되고, 거절당하고, 잊혀지고, 미미한 사람들 … 언제나 그랬듯이 이들은 내게 아버지의 자리를 맡아주길 요구할 뿐만 아니라 어떻게 아버지 노릇을 할 수 있는지 분명하게 보여줍니다.

참으로 아버지다운 아버지가 되려면 하나님의 무조건적인 사랑에 굶주린 가난한 마음을 공유해야 합니다. 그처럼 가난해지는 것이 두렵습니다. 하지만 신체적이고 정신적인 장애를 통해 이미 가난해진 친구들이 스승 역할을 해줄 겁니다.

도우미들은 물론이고 장애를 가진 이들까지, 더불어 살고 있는 동료들을 가만히 바라봅니다. 너나없이 부성과 모성을 한 몸에 지닌 아버지를 갈구하고 있습니다. 다들 거부당하고 버림받은 쓰라린 아픔을 겪었던 이들입니다. 성장기를 거치면서 상처를 입었습니다. 그래서 자신이 정말 하나님의 무조건적인 사랑을 받을 가치가 있는 인간인지 궁금해합니다. 그리고 돌아가서 안전히 머물 수 있으며 축복의 손길로 어루만져줄 누군가가 기다리는 곳을 늘 찾습니다.

렘브란트는 아버지를 그리면서 자식들의 태도를 초월한 인물로 묘사했습니다. 아버지에게도 외로움과 분노가 있었겠지만 고통과 눈물을 거치면서 변화되었습니다. 외로움은 끝없는 고독이 되었고 분노는 무한한 감사로 바뀌었습니다. 거기가 바로 내가 도달해야 할 경지입니다. 마음을 비우고 자식들을 한없이 불쌍히 여기는 아버지의 기가 막히도록 아름다운 모습을 볼 때마다 그런 생각이 분명해집니다. 작은아들과 큰아들을 모두 버리고 나날이 성장해서 인정이 넘치는 아버지의 성숙함을 갖출 수 있을까요?

4년 전, 렘브란트의 〈탕자의 귀향〉을 보러 상트페테르부르크에 갔을 때만 해도 본 대로 살아야 한다는 생각을 거의 하지 않았습니다. 경외감을 품은 채, 거장이 이끄는 자리에 서 있었을 따름입니다. 렘브란트는 남루한 옷차림으로 무릎을 꿇고 있는 작은아들에게서 구부정하게 서 있는 아버지에게로, 축복을 받는 자리에서 은총을 베푸는 자리로 인도했습니다.

나이 들어 쪼글쪼글해진 내 두 손을 바라봅니다. 이제는 알겠습니다. 이것은 고통을 당하는 모든 이들에게 내밀라고, 집을 찾아온 모든 이들의 어깨에 내려놓으라고, 하나님의 그 어마어마한 사랑에서 비롯된 축복을 베풀라고 주님이 주신 손입니다.

에필로그

우정과 사랑의 산물

감
사
의
글

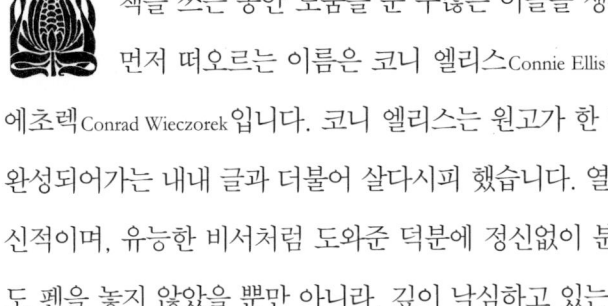책을 쓰는 동안 도움을 준 수많은 이들을 생각할 때 가장 먼저 떠오르는 이름은 코니 엘리스Connie Ellis와 콘래드 비에초렉Conrad Wieczorek입니다. 코니 엘리스는 원고가 한 단계 한 단계 완성되어가는 내내 글과 더불어 살다시피 했습니다. 열성적이고, 헌신적이며, 유능한 비서처럼 도와준 덕분에 정신없이 분주한 시기에도 펜을 놓지 않았을 뿐만 아니라, 깊이 낙심하고 있는 동안에도 스스로 하고 있는 일의 가치를 신뢰했습니다. 콘래드 비에초렉은 기획 단계부터 완성 원고가 나올 때까지 꼭 필요한 도움을 주었습니다. 엄청난 시간과 에너지를 투자해 원고를 편집하는 한편, 형식과 내용을 수정하도록 제안해준 그 너그러운 지원에 감사합니다.

개정판을 내는 데 중요한 역할을 해준 친구들도 한둘이 아닙니다. 엘리자베스 버클리Elizabeth Buckley, 브래드 콜비Brad Colby, 아이번 다이어Ivan Dyer, 바트 개비건Bart Gavigan, 제프 임바흐Jeff Imbach, 돈 맥닐Don McNeill, 수 모스텔러Sue Mosteller, 글렌 페코버Glenn Peckover, 짐 퍼디Jim Purdie, 에스테르 드 발Esther de Waal, 수전 짐머만Susan Zimmerman은 저마다 결정적인 기여를 했습니다. 원고가 이나마 다듬어진 건 모두 이 친구들이 조언을 아끼지 않은 결과입니다.

리처드 화이트Richard White에게도 각별히 고맙다는 인사를 전하고 싶습니다. 개인적인 지원과 전문지식을 아낌없이 제공해가며 격려해준 덕분에 이 원고가 책으로 묶여나올 수 있었습니다. 그 넉넉한 마음 씀씀이에 감사합니다.

마지막으로 머리 맥도넬Murray McDonnell, 데이빗 오슬러David Osler, 폴린 바니에Pauline Vanier 등 이 책이 나오기 전에 세상을 떠난 세 친구들에게 특별한 감사를 표하고자 합니다. 물심양면에 걸친 지원, 데이빗이 보여준 우정과 초고에 대한 따듯한 평가, 집필 기간 동안 바니에 부인이 베풀어준 친절은 모두 큰 격려가 되었습니다. 친구들이 정말 그립지만 그들의 사랑은 죽음보다 강해서 앞으로도 계속해서 영감을 주리라 믿습니다. 이 책이 진정 우정과 사랑의 산물이라는 생각을 할 때마다 가슴 벅차도록 기쁩니다.

주

⁑여는 글: 작은아들, 큰아들, 그리고 아버지
1_ Paul Baudiquet, *La vie et l'oeuvre de Rembrandt*(Paris: ACR Edition-Vilo, 1984), 210, 238

⁑렘브란트, 그리고 작은아들
1_ Jacob Rosenberg, *Rembrandt: Life and Work*, 3d ed. (London-New York: Phaidon, 1968), 26

⁑작은아들, 집을 나서다
1_ Kenneth E. Bailey, *Poet and Peasant and Through Peasant Eyes: A Literary- Cultural Approach to the Parables* (Grand Rapids, Mich.: William B. Eerdmans, 1983), 161-62
2_ 같은 책, 164
3_ Christian Tümpel(with contributions by Astrid Tümpel), *Rembrandt* (Amsterdam: N. J. W. Becht-Amsterdam, 1986), 350. 필자 영문 번역.
4_ Jakob Rosenberg, 앞의 책, 231, 234
5_ 열왕기상 19장 11-13절 참조.

⁑작은아들, 다시 집으로
1_ Pierre Marie(Frére), "Les fils prodigues et le fils prodigue," *Sources Vives 13*, Communion de Jerusalem, Paris (March 87), 87-93. 저자 영역.

⁑렘브란트, 그리고 큰아들
1_ Barbara Joan Haeger, "The Religious Significance of Rembrandt's Return of the Prodigal Son: An Examination of the Picture in the Context of the Visual and Iconographic Tradition." Ph. D. diss., University of Michigan (Ann Arbor, Mich.: University Microfilm International, 1983), 173
2_ 같은 책, 178
3_ 같은 책, 178
4_ Gary Schwartz, *Rembrandt: zign Leven, zign Schilderijen* (Maarsen, Netherlands: Uitgeverij Gary Schwartz, 1984), 362. 저자 영역.
5_ Charles L. Mee, *Rembrandt's Portrait: A Biography* (New York: Sion and

Schuster, 1988), 229

6_ 같은 책.

† 큰아들, 집으로 돌아오다

1_ Haeger, 앞의 책, 185-86
2_ Arthur Freeman, "The Parable of the Prodigal," 출간되지 않은 원고.
3_ Joseph A. Fitzmyer, *The Gospel According to St. Luke*, Volume 2, Cc.x-xxiv. In *The Anchor Bible* (Garden City, N.Y.: Doubleday, 1985), 1084

3. 아버지

† 렘브란트, 그리고 아버지

1_ Joseph A. Fitzmyer, 앞의 책, 1084 참조.
2_ Paul Baudiquet, 앞의 책, 9. 필자 영역.
3_ 같은 책.
4_ René Huyghe, 같은 책에서 재인용.

† 반가이 맞아주시는 아버지

1_ 원제는 〈The Jewish Bride〉. 〈이삭과 리브가 Isaac and Rebecca〉라고도 한다. 1688년경 완성. 네덜란드 국립미술관(Rijksmuseum, 암스테르담) 소장.
2_ 포도원 일꾼의 비유와 관련된 통찰은 Heinrich Spaemann의 탁월한 논문, "In der Liebefern der Liebe, Eine Menschheitsparabel (Lukas 15, 11-13)" Kapitel V in *Das Prinzip Liebe* by Heinrich Spaemann (Freiburg im Breisgau: Verlag Herder, 1986), 95-120에 힘입은 바 크다.
3_ 요한일서 4장 19-20절을 보라.

† 아버지, 잔치를 열다

1_ *The Interpreter's Bible* (New York and Nashville: Abingdon Press, Vol. 8, 1952), 277

† 맺는 글: 아버지가 된다는 것

1_ 재니스 조플린 Janis Joplin이 부른 〈Me and Bobby McGee〉 중 '자유란 더 이상 잃을 게 없다는 말의 다른 표현'이란 노랫말의 일부.

자식과 자신의 행간에서 서성이다

역
자
후
기

 난 자식이 없다.

뜻한 바 있어서 주체적으로 내린 결정이었지만, 그 따위 '변명'은 누구한테도 씨알이 먹히지 않았다. 한동안은 '주사 한 방에 세 쌍둥이까지 가능하다는 용한 의사'나 '환갑 넘어서도 늦둥이를 보게 만든다는 명약' 소개에 시달려야 했다. 또래들끼리 장난치듯 서열다툼을 벌일 때에도 '애도 낳아보지 않은 철부지'라는 이유로 언제나 막내취급을 당하기 일쑤였다.

그래서일까? 탕자의 비유를 읽을 때면 언제나 작은아들의 입장에서 줄거리를 따라가곤 했다. 은혜를 모르고 속물적인 만족을 추구하며 거룩한 삶과 담을 쌓고 지내면서 염치가 없어서 돌아갈 엄두조차 못 내는 행태까지 아귀가 딱 맞았다. 진즉에 이 책의 존재를 알았으면서도 들춰보지 않았던 건 순전히 그 때문이었다. 탕자의 심정이라면 평생 선하게 살았을 게 분명한 헨리 나우웬보다 내가 훨씬 윗길인데 새삼 뭘 읽고 말고 하겠는가?

 어찌어찌하여 막상 뚜껑을 열었을 때, 난생처음 보는 희한한 해석과 맞닥뜨렸다. 지은이는 거울을 찬찬히 들여다보고 혹시 큰아들의 모습이 더 짙게 배어 있지 않은지 살펴보라고 제안한다. 그동안 도덕적으로나 신앙적으로 제법 잘 살았노라고 자부하지는 않았는지, 은혜를 선한 행실에 대한 보상으로 오해하는 건 아닌지 짚어보라고 요구한다. 그쯤이면 말도 안 한다. 채 정신을 차리기도 전에 이번에는 궁극적으로 아버지의 모습을 갖추어야 한다고 선언한다. 작은아들과 큰아들 사이를 오가기를 되풀이하다 눈을 감을 작정이냐고 다그친다. 정상적인 크리스천이라면 아버지의 사랑으로 자신을, 이웃을, 세상을 끌어안는 자리까지 성장하는 게 당연하지 않겠냐는 것이다.

 그림 한 장을 도구로 논리의 칼날을 이리저리 휘두르는 것도 모자라서, 지은이는 독자들을 데리고 긴 세월을 오가는 시간여행을 거듭한다. 2백여 년 전으로 거슬러 올라가서 렘브란트의 화실에 앉았다가 금방 일어서서 2천 년 전을 되짚어 예수님을 만나러 떠나는가 하면, 곧바로 지극히 개인적인 고민에 시달리는 허약한 20세기 인간으로 되돌아온다.

이렇게 연신 뒤통수를 때리고 눈을 호리는데도 정신 사납지 않은 건 상당 부분 나우웬 신부의 뛰어난 필력 덕분이다. 차분하고 치밀한 언어로 마음을 파고드는 행간을 좇노라면 헷갈릴 틈도 없이 메시지에 빠져들게 된다. 웬만하면 덮어두고 싶을 만한 부분까지 드러내는 솔직함과 성경과 역사와 미술을 아우르는 지적인 능력도 몰입을 유도하는 데 단단히 한몫한다. 글을 쓰는 자신조차도 여전히 미완성임을 고백하는 까닭에 쓸데없이 기죽지 않는 것 역시 미덕으로 꼽을 만하다.

옮기는 처지로는 한편으론 감격스러우면서도 다른 한편으론 조심스럽기 짝이 없다. 과연 지은이가 이룬 성과를 한 꺼풀 뒤의 느낌까지 정확히 우리 글로 베껴낼 수 있을까?

난 자신이 없다.

《탕자의 귀향》은 그야말로 멋진 책이다.
독자들에게 요구하는 변화의 실체도 숨 막히도록 아름답지만
단순명쾌한 그 지혜 또한 비할 데 없이 훌륭하다.
〈뉴 옥스퍼드 리뷰〉

누가 나보고 헨리 나우웬의 대표작을 꼽으라면 《탕자의 귀향》을 맨 처음에 놓을 것이다.
귀향을 갈망하는 구도자에게든, 귀향의 감격 속에 있는 사람에게든,
혹은 귀향이 먼 옛날의 이야기가 된 사람에게든, 이 책은 특별한 감동과 은혜를 선사할 것이다.
하나님의 따뜻한 마음을 새롭게 느끼게 해줄 것이며, 귀향의 행복을 맛보게 해줄 것이다.
이 책은 이 시대에 하나님께서 우리 모두에게 주신 귀한 선물이다.
김영봉, 와싱톤사귐의교회 담임목사

자기 성찰의 내용이지만 묘하게 위로를 주는 책!
필립 얀시, 《놀라운 하나님의 은혜?》 저자